사남매와
함께한
서호주
가족여행

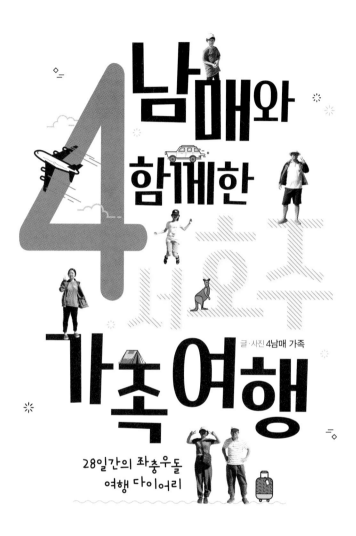

4남매와 함께한 가족여행

글·사진 **4남매 가족**

28일간의 좌충우돌
여행 다이어리

맑은샘

인간의 가장 큰 궁금증은 '우리가 어디에서 왔는지', '우리가 어디로 갈 것인지'이다. 그 질문에 대한 해답은 자연에 있다. 사람의 인위적인 손때가 묻지 않은 자연을 바라보며 자연 속에서 숨 쉬다 보면 그 질문에 관해 해답을 구할 수 있다. 자연을 생각하면서, 그 느낌을 가족과 나누고 싶다는 마음이 언제나 있었다. 어렵사리 가족여행을 준비했지만 이렇게 멋진 여행을 할 수 있게 된 것은 큰 행운이다.

온 가족이 서호주라는 넓은 땅을 여행하려면, 우리 가족의 힘만으로는 어림없다. 우리 가족들이 여행하는 동안 많은 어려움이 있었고, 그때마다 여러 사람이 도와주었다. 여기서 일일이 인사하기는 어렵지만, 그분들에게 감사의 마음을 다시 한 번 전하고 싶다.

나는 다소 꼼꼼하고 짜증이 많은 성격인데, 그 성격에 맞춰서 같이 준비하고 움직여 준 가족들에게 고맙게 생각한다. 여행 준비부터 여행 기간 내내 식사와 가족 건강을 챙겨준 아내 신혜영에게 감사한다. 그리고 듬직한 큰아들 범석이는 힘이 필요하거나 가족이 어려울 때 묵묵히 능력을 발휘했다. 여행 뒤에 책을 낼 때도 범석이의 아이디어와 컴퓨터 실력이 도움이 많이 되었다. 큰딸 승이는 여행 기간 내내 동생들을 잘 돌보고 능동적으로 활동하였다. 특히 여행기 준비에서 지도 편집에 도움을 많이 주었다. 총명한 우리 경문이는 이번 여행에서 자연을 관찰하는 자세를 보여 주었다. 어려운 상황에서도 힘든 것을 티 내지 않는 멋진 아들이다. 우리 집 막내 가린이는 여행길에서 문제가 닥치면 스스로 해결을 잘해 주었다. 힘들고 어려운 상황인데도 긍정적인 마음으로 이겨내서 정말 고맙게 생각한다.

　끝으로 가족 모두 건강하게 여행을 끝낼 수 있음에 감사하며 여섯이라 가능했던 서호주 여행을 다시 꿈꾼다.

아빠 이종한

제1장

서호주
여행 준비

기본적으로 여행하려면 준비가 많이 필요한데, 나는 이것을 마음 준비, 물건 준비, 자료 준비, 실제 준비, 이렇게 네 가지로 나누어서 했다.

01   마음 준비

여행을 한 번 다녀오면 우리는 세 번의 여행 경험을 한다. 먼저 여행 준비 기간에 상상 속의 여행을 떠난다. 그리고 여행 떠나서 실제로 여행한다. 마지막으로 여행 후 정리하는 동안 또다시 여행한다. 지금은 여행을 다녀온 후 자료 정리를 하면서 서호주를 경험하고 있다.

나는 일반적으로 여행 전 최소 3개월 시간 여유를 가지고 여행 준비를 하는데, 이번 서호주 여행은 너무 거창해서 엄두를 내지 못하다가, 나한테 닥친 몇 가지 사건 때문에 갑자기 마음이 바뀌어 불과 10일 전에 결정하게 되었다. 여행 전에 여행 준비물이나 자료 준비도 중요하지만, 실제로는 '일을 저지르겠다'는 마음 준비가 제일 어려울 수 있다. 나는 한의원을 개원한 상태이기 때문에, 여행 동안 대신해서 한의원 근무를 해 줄 한의사를 모시는 것이 어렵다. 게다가 각종 신고도 까다롭다. 건강보험심사평가원 신고와 의료 보험 청구 관련 문제, 새로 오시는 대진 의사 선생님 성범죄 경력 조회서 문제 등 한의원 관련 업무가 일반 여행 관련 업무보다 많다. 그러다 보니 짧은 시간에 많은 문제를 아내에게 일임하게 되어 꼼꼼하게 따져 챙기지 못했다.

많은 사람들이 여행을 결심할 때 경제적인 문제, 여행에 대한 명분, 현재 처한 여건 문제로 고민을 많이 한다. 나 역시 이런 고민이 많았다. 특히 '큰 비용을 들여서, 그렇게 먼 서호주까지, 여섯 명이나 되는 온 가족을 데리고 가야 할 정도로 절박한 여행이었나?'라고 나 자신에게 묻는다면 어떤 대답을 할 것인가? 왜 하필 서호주를 선택했고, 왜 지금이어야 하느냐고 묻는다면 어떤 대답을 할 것인가?

Step 1 왜 지금이냐고 묻는다면,

지금이 가족 여행의 기회라고 생각해서이다. 지금 큰아들은 대학 3학년이다. 군대 갈 수도 있어서 당분간은 가족 여행은 가기 어렵고, 큰딸은 중3이라서 내년 되면 고등학생이라 1개월 정도 시간 내기가 쉽지 않다. 어떤 결정을 할 때 가족을 중심에 두기 때문에, 생각해 보면 가족이 같이 움직일 기회가 자주 없다는 것을 알게 되었다. 그래서 이번 기회가 가족이 1개월간 같이 여행할 좋은 기회라고 생각했다. 지난겨울에도 서호주 여행을 생각해 봤는데, 1월이나 2월은 서호주 킴벌리Kimberley 지역이 우기라서 운석 구덩이가 있는 타나미 로드Tanami Road가 열리지 않는다는 사실을 알게 되었다. 그래서 이번 여름이 알맞다고 생각했다.

Step 2 왜 서호주를 가느냐고 묻는다면,

운석 구덩이와 스트로마톨라이트Stromatolite 때문이다. 인생을 살면서 하고 싶은 것이 많이 있는데, 나는 세상에 대한 궁금증을 해소하는 것이 그중 하나이다. 대학 시절 지질학과 수업을 여러 번 들었는데, 화석 중에서 선캄브리아기의 대표적인 것이 스트로마톨라이트였다. 이 스트로마톨라이트는 지구에 산소를 만들어 준 생명체의 흔적인데, 현재는 거의 없고 서호주의 샤크만Shark Bay 하멜린 풀Hamelin Pool에 가면 살아 있는 스트로마톨라이트를 볼 수 있다는 것이었다. '샤크만의 하멜린 풀'이라는 단어는 거의 20년간 내 머릿속에 꼭 가 봐야 할 곳으로 각인되어 있었다. 과거 두 번이나 호주에 갔었으나 서호주 샤크만은 비용이 많이 들고 너무 멀어서 포기했었다. 그래서 이번만큼은 꼭 가 보고 싶었다.

또 하나의 동기는 운석 구덩이이다. 내가 한의대를 졸업하고 다시 자연 과학 공부를 하면서 지구와 우주에 관해 관심을 많이 가졌는데, 그중 하나가 운석에 대한 것이다. 45억 년 전 태양계가 만들어지는 과정에서 많은 부산물이 태양계 내부에 돌아다니다가 지구로 떨어진 것이 운석이다. 그래서 운석의 나이는 대부분 45억 년 근처이다. 지구 표면은 풍화 작용과 화산 활동 등으로 45억 년 된 암석은 없고, 38억 년 된 암석이 가장 오래된 것이다. 서호주 마블 바Marble Bar 근처 그린스톤Greenstone이라는 암석이 35억 년 정도 되니 지구에서 발견할 수 있는 아주 오래된 암석 중 하나이다.

운석을 연구하면 지구를 포함한 태양계 초기 모습을 추측할 수 있다. 운석의 또 다른 특징이 있는데, 첫째, 지구 생명 활동의 변화와 관련되어 있다. 중생대 말기 공룡의 멸종이 유카탄반도에 떨어진 운석 때문이라는 이야기는 많은 사람들 사이에서 상식으로 통하고 있다. 그리고 지구 생명체의 발생과 운석이 관계가 있다. 1969년 호주 남부 머치슨 Murchison 지역에 운석이 떨어졌는데, 이 운석에서 16종의 아미노산이 발견되었다. 그중에서 11종은 지구에는 거의 존재하지 않는 아미노산이라고 한다. 특히 지구 상 아미노산은 이성질체의 특징 중 하나인 왼손 대칭 아미노산만 존재하는데, 머치슨 운석의 아미노산들은 좌우 대칭 아미노산이 같이 있었다고 한다. 이 이야기는 머치슨 운석의 아미노산은 지구 바깥에서 온 아미노산이고, 아미노산은 단백질 구성 물질이기 때문에 지구 생명체는 어쩌면 운석에 의해 옮겨진 아미노산의 진화 산물일지도 모른다는 말이다.

둘째, 지하자원의 분포와 관련되어 있다. 가령 석유를 예로 든다면, 처음 생성될 때 석유는 지하에 불규칙하게 분포되어 있었다. 하지만 운석이 떨어지면서 지표면에 충격을 주게 되고, 그 충격으로 지하 암석에 균열이 발생하여 석유가 이동하거나 모이게 된다. 또한, 다이아몬드의 경우 지각 아래 깊은 곳에서 생성되는데, 일반적인 화산 활동으로는 지표로 올라오지 않는다. 하지만 강한 운석 충돌로 지하 깊은 곳에 충격이 전해지고, 그 충돌 에너지가 지하 깊은 곳의 암석에 전달되어 지표로 나올 수 있게 만들었을 것으로 생각한다.

셋째, 지구는 다른 행성에 비해 상대적으로 물이 많다. 지구 형성 초기 많은 운석들의 충돌이나 큰 운석들에 의해 지구로 물이 유입되었다는 학설도 있다.

넷째, 운석 연구로 태양계와 지구 형성에 관한 연구를 할 수 있다. 운석 대부분이 나이가 45억 년이라고 한다면, 이 운석들은 태양계 초기 형성 과정의 부산물들이다. 이 부산물을 연구하면 태양계 형성의 모습을 알 수 있을 것이다. 일부 운석은 45억 년 이상 된 것도 있다. 1969년 멕시코 알렌데에 떨어진 운석 일부는 그 형성 시기가 45억 년보다 훨씬 전이다. 그렇다면 이 운석은 어디에서 온 것일까? 태양계 바깥이라고 봐도 되지 않을까? 그리고 일부 운석은 화성이나 달에서 떨어져 나온 것도 있다.

운석 이야기가 길어졌는데, 이렇게 나는 운석에 관심이 많았고, 운석 구덩이에 대한 관심도 컸다. 호주는 많은 지역이 사막 기후라서 지표면이 천천히 풍화되고, 개발이 많이 안 되어 운석 구덩이가 여러 개 존재한다. 과거 미국 애리조나에 있는 운석 구덩이를 혼자 가 봤는데, 이번에 서호주에 가서 가족들에게도 운석 구덩이를 꼭 보여 주고 싶었다.

Step 3 서호주에 가는 다른 이유는 없느냐고 묻는다면,

부수적인 관광과 가족과 같이 지내고 싶은 마음이다. 서호주는 노천 철광산이 많이 있고, 철광산 구경과 그 주변의 철광 지층들을 볼 수 있다. 그리고 기회가 된다면 킴벌리 지역에 가서 벙글벙글Bungle Bungle도 보고 싶었다. 또 서호주 해안의 자연 그대로의 해변을 보고 싶었다. 가족들에게 은하수와 은하를 보여 주고 싶었고, 지구 바깥의 세상에 대해서도 말해 주고 싶었다. 또 호주에 가서 호주 음식을 많이 먹어 보고 싶었다. 호주산 쇠고기와 내가 좋아하는 마카다미아, 호주산 신선한 채소와 과일들까지. 호주는 우리보다 선진국이고 자연이 아름다운 곳이니 호주 문화에 대해서 같이 느껴 보고 싶었다. 그동안 4명의 자식을 키우면서 돈벌이에 바빠서 같이 지내지 못했는데, 24시간 가족들과 같이 지내고 싶었다. 이 모든 것들을 나이가 더 들거나 시간이 흐르면 못 할 것 같아서 약간의 조바심으로 나 자신에게 출발을 독려했다.

호주로 가기 전에 호주 여행 공책에 내가 호주에 가는 이유와 호주에서 보고 싶은 것을 적어 보았다. 그리고 가족들에게도 물어보았다. 그것들을 정리해서 위에 올린 것이다.

02 ___ 물건 준비

여행 공책에 적힌 준비물 목록을 정리해 보니 아래와 같다.

운전면허증, 국제 운전면허증, 신용카드, 락향정기산(배탈·설사용 약), bki호(위장약), 여행자 보험, 텐트, 침낭, 메트, 버너, 수경, 망원경, 코펠, 수저, 자바라 물통, 나무젓가락, 라면, 수건, 옷(춘추복), 핸드폰 충전기, 차량용 핸드폰 충전기, USB, 플래시, 랜턴, 국제 전기 연결 잭, 여권, 비닐봉지, 씨티카드, 배낭, 나침반, 로션, 립밤, 백반, 양념들(소금, 후추, 된장, 간장, 참기름, 고추장), 밑반찬, 비눗갑, 비누, 김치, 멸치, 칫솔, 치약, 면도기, 카메라, 건전지, 모자, 선글라스, 모기향, 노트북, 데이터 연결 잭, 목장갑, 작은 자물쇠, 핸드폰, 빨랫줄, 손톱깎이, 손목시계.

여행 준비 기간이 짧아서 조금 허술하긴 하지만 나름대로 며칠 고민한 것이다. 우리가 갔던 길을 따라 여행할 사람들을 위해 조금 정리를 해 본다.

° 국제 운전면허증은 경찰서에 가서 간단하게 발급받았는데, 호주에서 렌트할 때나 경찰 요구에도 국제 운전면허증으로 해결되었다.

° 신용 카드는 유용했다. 많은 곳에서 신용 카드로 비용 지출이 해결되었다. 서호주 공항에서 씨티카드로 1,500AUD를 인출한 현금이 많

이 남을 정도였다. 다만, 서호주는 많은 구간에서 전화 사용이 안 되다 보니 카드 사용 내역 문자를 못 받는 경우도 발생했다. 그리고 일부 지역에서는 전표 매입이 조금 늦어져서 매일 저녁 장부 정리 하다가 헷갈린 경우도 발생하였다.

°락향정기산과 bk1호 라는 약은 우리 한의원에서 여름철에 위장 계열 문제에 많이 사용하는 약이다. 다행히 여행 동안 음식에 신경을 써서 약을 복용할 일은 없었다.

°여행자 보험은 삼성카드 포인트가 있어서 삼성화재에서 해결했다. 가족 가입을 하니 저렴한 편이었고, 여행 동안 큰아들 핸드폰 액정 파손이 있었는데 한국 도착 후 여행자 보험에서 해결해 주어 고맙게 생각한다. 여행자 보험을 든 이유는 건강 문제가 가장 컸다. 외국에서 사고가 나거나 몸이 아프면 굉장히 힘들다. 우선 호주 의료 시스템을 전혀 모르는 상태다. 그리고 호주에서는 의료 보험 가입이 안 되어 있는 상황이다. 또한, 의사와 상담할 때도 자신의 문제를 정확히 설명하기도 힘들고, 호주 사람과 우리나라 사람은 인종 차이도 있다. 호주에서 교통사고가 나서 몸을 다쳤다고 생각해 보자. 과연 어떻게 될 것인가? 사소한 문제라도 건강 관련 문제는 까다롭다. 서호주의 넓은 땅에 가면 욕심이 나서, 많이 걷게 되어 관절 문제가 생기기도 쉽다. 벌레나 뱀에 물릴 수도 있다. 게다가 서호주는 대개가 사막 기후라서 먼지가 많은 곳에서 지내게 된다. 그래서 호흡기 질환도 생각해야 한다. 이런 건강과 관련된 문제가 많으니 항상 조심해야 한다.

'무사히 여행을 마치고 건강하게 다시 한국에 귀국할 수 있을까?'라는 생각을 늘 했다. 어린아이들을 포함한 가족을 많이 데리고 떠난 가장 입장에서는 굉장히 어려운 문제다.

°텐트는 인터넷으로 6~7인용으로 주문했는데, 비용은 13만 원 내외였다. 텐트가 내부 텐트와 외부 텐트의 이중 구조라서 좋았다. 가볍고 유용했다. 하지만 어른과 아이들이 섞여 있었는데도 좁았다. 그래서 텐트에 4명이 자고, 자동차에서 2명이 잤다.

°침낭은 6개를 주문했다. 이불을 가져갈 수 없으니 침낭은 당연하다. 그리고 침낭은 머리 부분이 없는 일자형인 것과 머리 부위가 달린 '머미형'이 있는데, 우리는 머미형으로 준비했고, 1개당 2만 원 내외였다. 침낭은 잠잘 때만 사용한 것이 아니라 운전 중에도 아이들이 쿠션처럼 안고 자기도 했다.

°매트는 부피가 커서 2개를 주문하고도 한 개만 가지고 갔다. 하지만 매트가 굉장히 유용했다. 호주 사람들은 대부분 의자에 앉아서 식사하지만 우리는 준비가 부족해서 매트에서 간식이나 식사를 자주 해결했다. 호주에서는 숙소에서 침대를 사용하는데, 식구가 6명이라서 숙소 비용이 많이 나왔다. 그래서 비용 절감 차원에서 가끔 우리 부부는 바닥에 자기도 했는데, 이때도 매트를 사용했다.

°버너는 괜히 준비하는 것이 아닌지 걱정했던 품목이다. 서호주 여행 숙소 대부분에 가스버너나 바비큐 시설이 있었다. 하지만 텐트나 일부 숙소는 요리할 수 없는 경우도 있었다. 더구나 아내는 전기 인덕

선 기구는 화력이 약해서 요리 망치고 답답하다고 싫어한다. 그리고 부탄가스를 호주에서 살 수 있을지, 부탄가스 입구는 맞을지 걱정했는데, 문제없이 해결되었다. 코펠 2개 끓일 수 있는 버너를 샀는데 상당히 만족했다.

° 수경은 아이들 수영을 위해 수영용 작은 것과 스킨 스쿠버용 큰 것을 준비했다. 부피도 크지 않고 아이들이 좋아해서 나도 좋다. 서호주의 북쪽 브룸Broome에서는 수영이 가능하다. 그리고 서호주로 가기 위해 방콕을 방문했을 때 호텔에서 사용하기도 했다.

° 망원경은 7X50 쌍안경을 준비했다. 앞의 7은 배율이고 뒤 50은 구경이다. 7X50 쌍안경은 별 관측에도 좋고 지형 관찰에도 좋다. 배율이 높으면 시야가 좁아져서 별을 찾기 어렵고 어떤 경우는 어지럽다. 서호주의 밤하늘은 참 아름답다. 쌍안경이 있으면 금상첨화일 것이다. 우리 식구들은 이 쌍안경으로 M5, M6, M31, 소마젤란은하Smail Magellanic Cloud, 대마젤란은하, 오리온 대성운Orion Nebula, 좀생이별Pleiades Cluster(플레이아데스성단) 들을 관찰했다. 그리고 낮에는 노천 철광산이나 산봉우리, 벙글벙글 등을 관찰하는 데 활용했다.

° 코펠은 처음에 아내가 스테인리스형으로 주문했다가, 물건이 없어서 저렴한 경질 코펠로 바꿨는데, 조금 후회했다. 경질 코펠은 가볍고 가격은 저렴하지만, 수세미로 씻으면 코팅이 벗겨지거나 상처가 발생하여 설거지가 까다로웠다. 처음에는 호주에서 사용하고 버리려고 했는데, 막상 버리려니 마음이 불편했다.

° 수저는 준비를 잘한 물품 중 하나였다. 외국에는 숟가락이 별로 없고, 젓가락은 사용을 안 해서 식사할 때 불편할까 봐 준비했는데, 여행 동안 요긴하게 사용했다.

° 자바라 물통을 2개 준비했다. 서호주는 물이나 기름이 필요한 경우가 많을 것 같아서 준비했다. 텐트 생활에서 몇 번 사용하였고, 서호주 떠날 때 버렸다.

° 나무젓가락은 준비했지만, 젓가락을 따로 준비한 상태여서 크게 유용하지는 않았다. 아이들이 컵라면 끓여 먹을 때 몇 번 사용했다.

° 라면은 식사 해결이 힘든 경우에 유용했다. 우리 부부는 라면이나 인스턴트 음식을 좋아하지 않지만 급하게 사용해야 할 경우가 있을 것 같았고, 아이들이 좋아해서 준비했다.

° 수건은 숙소에 묵으면 필요 없지만, 텐트 생활에서는 필요하다.

° 옷(춘추복)은 부피를 많이 차지해서 여러 가지 생각을 했다. 8월의 퍼스Perth는 겨울이라서 어느 정도 두툼한 옷이 필요했다. 그래서 바람막이 같은 가벼운 옷을 준비하고, 필요하면 사서 입을 각오를 했다.

° 핸드폰 충전기는 당연히 준비해야 하는 품목이다. 하지만 호주 전기 콘센트가 우리나라와 다르다는 것을 생각해야 한다. 호주 현지에서 구매하면 가격이 상당히 비싸다.

° 차량용 핸드폰 충전기는 서호주에서 요긴하다. 운전하는 시간이 길어서 그동안 충전하면 된다.

° USB 메모리에 노래를 다운로드해 가면, 자동차 안에서 한국 노래를 들

으면서 운전하니 좋다.

° 플래시는 충분히 준비했는데, 상당히 유용했다. 서호주의 아웃백은 저녁 6시만 되면 암흑 세상이다.

° 랜턴은 텐트에서 전등처럼 사용할 수 있는 것을 준비했는데, 이것 역시 쓸 만했다.

° 국제 전기 연결 잭이라고 이름을 붙였는데, 호주 콘센트에 우리나라 가전제품을 연결할 수 있는 장치를 말한다. 다이소에서 저렴한 것을 준비했는데, 호주 현지에서는 비쌌다.

° 여권은 당연히 챙겨야 한다. 미리 유효 기간도 확인했다. 호주는 무비자 입국이 되는 것으로 생각하기 쉬운데, 실제로는 ETA라는 전자 비자를 발급받아야 한다. 항공권을 구매한 회사에서는 무료로 해 준다. 자신이 직접 신청하면 1인당 20AUD가 든다고 한다.

° 비닐봉지는 여행 중간에 빨래가 나오거나 수영 후 젖은 빨래 등을 보관하는 데 유용하다. 나는 여행 갈 때 비닐봉지를 꼭 여유 있게 준비한다.

° 씨티카드라고 썼지만, 씨티 직불 카드다. 한국에 있는 씨티은행에 계좌를 개설하여 돈을 입금하고 호주 공항에서 현금을 찾았다. 다른 은행들도 가능한지 모르겠지만, 나는 몇 년째 씨티은행을 이용해서 이 카드가 편했다.

° 배낭은 가벼운 등산이나 트레킹 때 사용할 것으로 작은 것을 준비했다. 배낭에는 작은 주머니들이 많아서 소품들을 보관할 때 유용하기

도 했다.

° 나침반은 집에 굴러다니는 아주 작은 것으로 하나 가져갔다. 혹시 길을 잃거나 위급 상황에 사용하려고 했었지만, 사용 기회가 없었다.

° 로션과 립밤은 몇 년 전 호주 사막에서 피부가 건조해지는 것을 느꼈기에 준비했다. 립밤은 몇 번 사용했다.

° 백반은 텐트 주변에 뿌려서 뱀을 쫓기 위해 준비하려고 했었다. 준비 기간에 바빠서 준비를 못 한 유일한 품목인데, 백반 없이도 서호주 여행 동안 불편하지 않았다.

° 양념들(소금, 후추, 된장, 간장, 참기름, 고추장)은 사람에 따라 필요하기도 하고 필요 없다고 여기기도 할 것이다. 우리 식구들은 먹성이 좋고 밥을 꼭 해 먹는 스타일이라서 각종 양념이 꼭 필요하고 실제로도 요긴했다. 소금과 후추는 현지에서 샀다. 하지만 서호주에서 참기름과 고추장, 간장, 된장은 구하기가 쉽지 않다. 우리 식구들은 참기름을 동네 기름집에서 직접 짠 것만 먹었기에 참기름에 대한 생각을 많이 했다. 기름 종류는 유리병에 담아가야 해서 깨지기도 쉽고, 공항에서 문제 될 것인지 걱정도 되었다. 소주병 크기로 한 병을 수건에 말아서 가져갔는데, 문제없이 잘 사용하였다. 24일 동안 거의 하루도 빼지 않고 매일매일 호주산 스테이크를 먹었는데, 약 18일 정도 되니 참기름 한 병을 비웠다. 남은 기간에 쓸 참기름을 사러 규모가 큰 울워스Woolworths에 가서 보니 싱가포르산이 있어서 샀다. 하지만 내가 생각한 참기름 맛이 아니라서 중간에 버

렸다. 나중에 퍼스에 도착해서 한인 가게에서 아쉽지만, 한국산 대기업 제품(제일제당)을 사서 먹었다. 참기름은 호주 스테이크에도 찍어 먹고, 미역국 끓일 때도 사용했다. 간장도 1통 사 가지고 갔는데, 역시 국이나 각종 요리에 유용하게 사용했다. 된장도 쌈장 만들어 먹기도 하고 된장국도 끓여서 먹었다.

° 밑반찬으로 김과 멸치, 깻잎 조림, 김치 등을 가져갔다. 한국에서 먹던 것처럼 맛있게 잘 먹었던 기억이 난다.

° 비눗갑과 비누는, 우리 식구들은 조금 독특한 취향이 있는데, 비누도 집에서 직접 만든 것을 사용하기에 가져갔을 뿐이다.

° 김치와 멸치 등의 밑반찬은 여행 초반에 유용했다. 시간이 흐를수록 반찬이 떨어져서 나중에는 호주 현지에서 김치나 피클을 담기도 했다. 우리는 보리차도 들고 가서 끓여 마시기도 했다. 식사 후 소화 기능을 돕기 위해 누룽지로 숭늉을 만들어 먹거나 보리차를 마셨다.

° 칫솔과 치약, 면도기 등은 숙소에서 한 번씩 사용한다. 텐트 생활을 하면 간혹 사용 안 하기도 한다.

° 카메라는 다소 무겁고 귀찮지만 좋은 사진을 위해 준비했다. 핸드폰으로 사진을 찍기도 하지만, 구경이 큰 사진기를 이용한 사진은 화질이 달라 보인다.

° 건전지는 한국에서 많이 사 갔는데, 조금 비싸지만, 호주에서도 쉽게 살 수 있는 품목이었다.

° 모자와 선글라스는 서호주 여행에서는 필수품이다. 식구가 많다 보니

모자 때문에 싸움이 나기도 했다. 모자는 챙이 넓은 것으로 준비하는 것이 좋다. 나중에 모자가 필요해서 호주에서 사려고 하니 비쌌다. 선글라스는 안경에 부착하는 간단한 것으로 준비했는데, 운전할 때 유용했다.

° 모기향은 킴벌리 지역같이 열대 지방에서 필요할 것으로 생각되어 준비했다. 그리고 야생에서는 전기가 없어서 더더욱 이런 코일형 모기향이 필요하리라 생각했는데, 다행히 사용할 필요는 없었다. 그리고 서호주의 슈퍼에도 코일형 모기향을 팔고 있었다.

° 노트북과 데이터 연결 잭은 사진들을 저장할 때 필요하여 가져갔다.

° 목장갑은 손 보호용으로 위기 상황에 사용하려고 했다. 중간에 자동차 타이어가 파손되어 사용했다.

° 작은 자물쇠는 가방을 잠그기 위해 사용하는데, 다이소에서 1,000원 정도 하는 것으로 2개 준비했다.

° 핸드폰은 전화 연락과 사진 촬영, 인터넷 등을 위해 필요한 품목이다.

° 빨랫줄은 어린아이들은 데리고 가기 때문에 준비했다. 물웅덩이에서 수영하거나, 자동차가 진흙에 빠지거나, 카리지니Karijini에서 계곡을 걷게 될 때 필요할 수 있기 때문이다. 하지만 아이들 단속을 하여 빨랫줄이 필요하지는 않았다. 중간중간 빨래를 하는 경우 끊어서 빨랫줄로 사용하기도 했다.

° 손톱깎이는 여행을 길게 다니면 한 번씩 사용하게 된다.

° 손목시계는 외국 여행에서 꼭 필요한 것이다. 인원이 많으면 약속 시

각을 정하기도 하고, 여행에서 시각을 정확히 아는 것은 중요하다고
생각해서 3개 준비했다.

현지 조달 물품
삽, 몽둥이, 쌀, 부탄가스, 칼, 가위, 도마, 휴지, 생
수, 라자, 초콜릿, 물통, 쇠고기, 아이스박스, 채소
류, 양념(후추 등), 랭이, 라면, 테이프, 선크림, 성냥,
라이터, 커터칼, 집게, 소금, 식용유, 세제.

　출발 전에 인터넷을 통해서 서호주에 가면 울워스라는 슈퍼가 많이
있다는 것을 알았다. 퍼스뿐만 아니라 작은 도시들에도 제법 많았다.
그렇지만, 대부분 오후 4~5시쯤이면 문을 닫아서 서둘러야 했다. 우리
식구들은 거의 매일 장을 봤다. 이가Lga라는 슈퍼도 있는데, 울워스보다
조금 늦게까지 문을 연다. 그래도 6~7시쯤이면 문을 닫는다. 주유소와
같이 조그만 편의점 모양의 이가 마트는 살 수 있는 품목이 적다. 그래
도 가격은 비슷했던 것 같다. 퍼스 시내에는 다른 이름의 큰 슈퍼도 있
어서 퍼스에서 아웃백으로 출발하기 전에 준비물을 샀다. 퍼스에는 한
인들이 운영하는 슈퍼가 있어서 한국 물건도 쉽게 구할 수 있다.

　°삽은 자동차가 진흙탕에 빠지거나 짐승이 달려들 때 사용하려고 했
다. 그런데 서호주에서는 삽을 사기가 어려운 데다가, 필요하지도 않

았다.

° 몽둥이 역시 위기 상황에 필요하리라 생각해서 길 가다가 나무 몽둥이를 하나 주웠는데, 그것을 사용할 만한 일은 없었다.

° 쌀은 가격이 싸고 쉽게 구매 가능했다. 동남아에서 볶음밥으로 주로 사용하는 길쭉한 쌀을 많이 판다. 하지만 조금만 주의 깊게 살펴보면 한국 사람들이 좋아하는 쌀도 같이 팔고 있다는 것을 발견할 것이다. 우리는 500g이나 1kg 단위로 포장된 것을 샀는데, 한번에 2~3kg씩 샀다. 우리 식구들은 6명 모두가 먹성이 좋아서 그런 것이니, 각자 식성에 맞춰야 할 것이다.

° 부탄가스를 호주에서는 무엇이라 하는지, 어디에서 사는지 궁금했다. 그런데 슈퍼에 가 보니 똑같이 부탄가스라고 부르고 많이 팔고 있었다.

° 칼은 큰 칼과 과도를 구매했다. 가위와 도마도 같이 구매해서 들고 다녔는데, 칼은 관광 안내 책자로 칼집을 만들었더니 편했다.

° 휴지와 생수가 자주 필요했다. 큰 슈퍼에 가면 패키지 상품이 있어 충분히 사서 들고 다녔다. 특히 호주 수돗물은 염소 냄새가 많이 난다. 그래서 생수가 아니면 처음에 역해서 물 마시기 힘들다. 또한, 오지로 가면 물 구하기가 힘들어서 생수가 많이 필요한데, 24개들이 생수를 수시로 구매했다.

° 과자나 초콜릿은 간식으로 사용하기도 하고 오지에서 급하게 필요하리라 생각해서 넉넉하게 샀다. 그랬더니 아이들이 계속 과자를 많이

먹어서 속상했다. 호주는 안작Anzac 쿠키가 유명하다. 안작은 호주와 뉴질랜드 연합군인데, 군에 가는 자식을 위해 집에서 만든 쿠키가 맛도 좋고 영양가도 많으면서 오래 보관할 수 있어 군대 보급품으로도 이용되었다고 한다. 맛있어서 안작 쿠키를 자주 사 먹었다. 또 광부들이 가지고 다녔던 마인Mine 쿠키도 한 번씩 샀는데 역시 맛있다. 호주의 대표적인 견과류는 마카다미아인데, 내가 견과류를 좋아해서 마카다미아를 많이 사 먹었다. 마카다미아가 굵고 맛있는 것도 있고, 꿀에 버무린 것도 있어서 다양하게 구매할 수 있었다. 가격은 한국보다 조금 저렴한 편이었다. 슈퍼에 캐슈너트나 피스타치오 등 다른 견과류도 많이 있었는데, 한국과 비슷했다. 호주산 치즈도 많이 샀는데, 자세히 살펴보지 않으면 북유럽산 치즈를 구매하기 쉬웠다. 빵도 많이 먹었다. 슈퍼나 빵 가게에서 그날 구운 빵을 많이 팔아서 수시로 사 먹었는데, 크루아상을 많이 사 먹었다. 빵 크기는 한국보다 크게 팔아서 한번 사면 오래 먹게 되어, 간편한 크루아상 종류에 손이 많이 갔다.

° 물통은 한국에서 자바라 물통을 들고 가서 따로 필요하지는 않았다.

° 쇠고기는 호주에서 꼭 많이 먹어야 할 것이다. 호주산 쇠고기는 방목으로 키우고 기름기가 적고 살코기가 많다. 두껍게 썰어 놓은 스테이크용 고기를 사서 자주 구워 먹었다. 간혹 송아지 고기와 양고기, 다소 얇게 썬 고기도 많이 먹었다. 쇠고기를 와인에 재워 요리하기 위해 와인도 샀는데, 술 종류는 대개 슈퍼에 딸려서 따로 매장이 있었

고, 와인 가격도 한국과 비슷했다. 우리는 10AUD짜리 적포도주를 구매했는데, 호주 여행 기간 내내 사용하고 남았다. 해산물도 좋아해서 장 볼 때 해산물도 자주 사서 튀기거나 볶아서 먹었다. 해산물은 홍합이나 오징어 등을 많이 먹었다. 이때 간장이 많이 사용되었다. 해산물 중에서 감성돔 비슷한 종류의 스내퍼라는 생선을 사서 소금구이도 해 먹었다. 그리고 바라문디라는 큰 생선이 유명하여, 바라문디를 사서 주로 튀겨서 먹었다.

°아이스박스는 슈퍼에서 조그마한 것을 샀다. 그래서 육류나 김치 등의 밑반찬을 담아 다녔다. 울워스나 이가 같은 슈퍼에서는 자기 회사 마크가 찍힌 가방을 저렴하게 팔고 있는데, 식재료들을 그 가방에 넣어서 들고 다니면 편하고 좋았다.

°채소류는 양파, 양상추, 버섯, 배추, 오이, 마늘 등을 사, 다니면서 요리할 때 사용하였다. 호주는 농산물이 풍부한 나라이지만, 호주 역시 외국산 농산물이 많았다. 호주산이라고 샀는데 알고 보니 호주인이 경영하는 회사 제품인 경우도 있었고, 마늘도 가격이 비싸서 살펴보니 거의 멕시코산이었다. 호주산 과일도 많이 사 먹었는데, 그중 만다린은 한국의 밀감과 비슷해서 가지고 다니며 편하게 먹기 좋았다. 키위는 호주산만 사 먹었는데, 뉴질랜드산이 더 비쌌다. 사과는 품종이 우리나라보다 작은 것을 많이 팔아서 역시 자주 사 먹었다. 바나나를 호주에서 재배해서 판매하기도 하는데, 동남아에서 먹던 것과 비슷한 가격과 맛이었다. 서양 배는 한국에서 잘 팔지 않는다. 그래

서 아이들에게 먹이려고 샀는데 향이 좋고 맛도 있어서 내가 많이 먹었다. 아보카도도 여러 번 사서 먹었다. 한국에서 퍼스로 가려면 직항이 없어서 대부분 동남아시아를 경유한다. 그래서 동남아시아에서 열대 과일을 많이 먹을 수 있기 때문에 과일은 되도록 자제하려고 했다. 하지만 과일을 좋아하기 때문에 참을 수 없어서 자주 사 먹었다.

˚ 양념(후추 등)은 큰 슈퍼에 가면 동양 조미료도 많이 판다. 쇠고기 스테이크를 얼마나 먹었던지 처음 퍼스에서 산 후추 한 통을 3주가 못되어 다 사용했다.

˚ 라면은 한국 라면을 주로 샀다.

˚ 테이프나 선크림, 성냥, 라이터, 커터칼, 집게, 소금, 식용유 등 자잘한 물품이 많이 필요한데, 퍼스에서 사면 될 것이다.

˚ 세제가 조금 문제였다. 한 장소에서 오랜 기간 머무는 경우는 빨래가 쉽지만, 우리는 계속 이동을 해야 하는 입장이다. 그래서 빨래를 자주 못 하는데, 판매하는 세제는 대부분 용량이 컸다. 그래서 부피가 작은 액체형 세제를 샀더니 여행 동안 흘러서 애먹었다.

03　자료 준비

　서호주 여행은 어쩌면 한 편의 비디오에서 시작되었을 수도 있다. '지구대기행'이라는 작품인데, 일본 NHK에서 기획하여 만든 것이고 서울대 지질학과에서 번역 및 편집을 한 것이다. 총 12편까지 있는데, 내용이 아주 좋아서 집에서 여러 번 봤다. 그런데 지구 시스템 과학(구 지질학) 개론 수업 시간에 또 봤다. 그래도 또 보고 싶어서 학교 자료실에 이야기하여 빌려서 봤던 기억이 난다. 지구 시스템은 암석과 공기, 물, 생명과 그들의 상호 관계에 대해 연구하는 과목이다. 우리가 살고 있는 이 지구의 탄생과 진화 및 생명체들과 관계 등을 설명한다. 지구의 암석은 물과 관계를 맺어 풍화 작용이 발생하는데, 일부 암석은 물리적인 풍화 작용뿐만 아니라 화학적으로도 풍화 작용이 발생한다.

　그 대표적인 암석이 석회암이다. 현재 지구의 공기는 질소가 80% 정도, 산소가 19% 정도이고, 나머지 이산화탄소 등이 조금 있다. 하지만 지구 초기의 공기에는 이산화탄소가 많이 있었다. 이산화탄소는 물에 용해되고, 물에 용해된 이산화탄소는 해양 생명체들이 껍질을 구성하는 데 사용되는데, 해양 생명체가 죽은 다음 그 딱딱한 껍질들은 퇴적되어 석회암으로 변하게 된다. 암석과 공기와 생명체가 이렇게 상호 관계를 맺고 있다는 것이다.

　또한, 다음 내용이 나를 서호주로 불렀다. 초기 지구 공기에는 산소가 없었다. 그래서 혐기성 생명체가 세상을 장악하였다. 하지만 산소를 만드는 생명체가 나오면서 산소를 이용하여 혐기성 세균과의 경쟁에서 승리하게 된다. 산소는 혐기성 생명체에게는 독소로 작용한다. 우리 몸에서도 일반 잡균은 대부분 혐기성 세균이고, 혐기성 세균을 잡기 위해서 과산화수소수를 소독약으로 사용하는 것도 같은 원리이다.

참고로 호기성 세균들은 산소를 좋아하여 폐로 침범하는 것이 일반적이다. 이런 호기성 세균을 잡을 방법이 없어서 힘들어하다가 곰팡이를 이용한 페니실린을 사용한 것이다. 어쨌든 일부 생명체가 바다에서 산소를 발생시켰는데, 당시 바다에는 철 성분이 많이 용해되어 있었고, 그 철 성분들은 바다의 이 생명체가 만든 산소와 결합하여 산화되고 붉게 물들면서 침전되었다. 이렇게 침전된 산화철의 흔적 중 대표적인 것이 서호주 지역에 있는 철광산들이다. 얼마나 많이 침전되었던지 노천광산에서 캐낼 정도이다.

카리지니 지역의 마란두Marandoo 광산이나 뉴먼Newman 지역의 BHP 광산들이 대표적인 곳이다. 이렇게 산소를 만들어서 바닷속의 많은 철 성분을 모두 산화시킨 후, 계속 산소를 생성하여 바다 밖으로도 산소를 공급하게 된다. 그 산소가 현재 대기 중 산소이고, 이 산소를 만든 생명체 대표가 시아노박테리아cyanobacteria다. 그들은 단세포이고 핵도 없는 단순한 생명체이지만, 햇빛과 물, 이산화탄소를 이용하여 광합성을 하고 그 부산물로 산소를 발생시켰다. 그들이 바닷속 진흙들과 엉켜서 버섯 모양이나 판상으로 엉겨 붙은 것이 스트로마톨라이트Stromatolite이다. 이 시 아노박테리아들은 약 35억 년 전부터 약 5억 년 전까지 30억 년여 동안 지구의 산소를 만든 다음에 또 다른 생명체에 의해 도태되었고, 스트로마톨라이트 형태의 모습은 화석으로밖에 볼 수 없게 되었다. 하지만 아직 스트로마톨라이트 형태를 볼 수 있는 곳이 있으니 그 대표적인 곳이 서호주 샤크만의 하멜린 풀이다. 서호주에 가면 하멜린 풀 외에 세르반테스Cervantes의 테티스Thetis 호수에서도 스트로마톨라이트를 볼 수 있다.

우리 식구들이 즐겨 보는 〈걸어서 세계 속으로〉라는 여행 프로그램과 〈EBS 세계 테마 기행〉 중 서호주 편도 좋은 자료가 되었다. 특히 세계 테마 기행의 서호주 편은 박문호 박사가 지질학적 이야기를 많이 해서, 내 바람을 자극하는 느낌이었다. 나하고 똑같은 생각을 하는 사람이 있었다니 조금 놀랐다. 그 외 〈세계 견문록 아틀라스〉라는 프로그램에서도 서호주를 소개했는데, 헛 라군Hutt Lagoon이 나왔던 기억이 난다. 서호주 여행에서 칼바리Kalbarri라는 곳을 가다가 헛 라군을 거쳐 갔고, 그 프로그램 기억이 났다.

서적 자료도 몇 가지 있다. 서호주 자료들은 대개 지질학적 접근을 많이 하고 있다는 느낌이다. '박문호의 자연과학세상'의 《서호주》라는 책이 대표적이다. 여행기와 지질학적 이야기, 천문학, 호주 원주민인 애버리지니Aborigine, 호주 식생과 기후 등에 관한 이야기와 여행기가 포함되어 있다. 박상대의《50개의 발자국》이라는 책은 '인천 과학사랑 교사모임'에서 서호주를 여행한 후 쓴 책인데, 서호주에 관한 과학적인 이야기와 여행기가 담겨 있어서 좋은 참고 자료가 된다. 박진성의《호주서부지질탐사여행》은 '인천광역시 지구과학교과연구회'에서 서호주 답사를 다녀온 후 여행기와 지구 과학적인 이야기를 썼는데, 사진이 많이 포함되어 있고 서호주 북부와 남부 정보를 두루 담고 있다.

대표적인 인터넷 자료는 서호주 관광청(www.westernaustralia.com/kr)의 관광지 소개 위주의 자료다. 호주에 대해 지질학적 관심을 가지는 분들이 많은데, 호주 정부에서 운영하는 지질과 자원에 관한 홈페이지(http://www.ga.gov.au)를 보면 좋을 것이다. 그중에서 특히 지도를 이용한 지질 자료(http://portal.geoscience.gov.au)는 몇 번 연습해봐야 할 것이다. 서호주에는 광업이 많이 발달했는데, 광업에 대한 자료(http://www.dmp.wa.gov.au/Index.aspx)는 찾아보면 된다. 일반적으로는 네이버에서 '서호주'나 '카리지니' 등을 검색하여 나오는 자료들도 좋았다. 실제로 여행을 하면서 겪게 되는 최근의 일들을 기록하여 놓았으니, 우리 가족에게는 생생한 자료가 되었다. 동아사이언스의 〈옛 지구의 속살을 보다〉라는 기사는 마블 바와 카리지니 지역 여행할 때 참고 자료로 사용했다. 여행 일정은 '머뭄호주'라는 인터넷 카페(http://cafe.naver.com/mumumhoju/31079) 자료를 참고했다. 머뭄호주의 자료들이 좋은 정보를 많이 줬는데, 렌터카 등의 일반적인 정보에 실린 자료(http://cafe.naver.

com/mumumhoju/26176)를 많이 이용했다.

전체적인 일정은 '트레블 센터' 블로그(http://blog.naver.com/tc_world/220948156412) 내용을 많이 참고했는데, 특히 '퍼스에서 다윈까지 이보다 더 알차게 보낼 수 있을까?'라는 글의 일정이 우리와 코스가 비슷해서 도움이 많이 되었다. 이 일정은 1개월 만에 퍼스에서 다윈Darwin까지 가는 일정이고, 우리는 1개월 만에 퍼스에서 벙글벙글까지 갔다가 돌아오는 일정이다. 그래서 여행 중간에 마음이 다소 급해지는 경우가 발생하기도 했다. 지금 생각해 보면 조금만 더 여유 있게 여행했으면 좋았을 걸 싶기도 하다.

우리 일정은 아이들이 있으면서도, 이 일정보다 울프 크릭Wolfe Creek 운석 구덩이가 더 포함되어 조금 빡빡하게 움직였다. 아이들에게 미안하고 잘 따라와 줘서 고맙게 생각한다.

04 ___ 실제 준비

준비물 문제
공책 만들기 / 항공권 구매 / 카드 문제 / 유료 도로 문제 / 국제
운전면허증 / 코델 문제 / 텐트 문제 / 침낭 / 손전등 문제 / 여행
자 보험 / 렌터카 문제(허츠 회원 가입) / 사륜구동 / 전자 비자 문
제 / 공항 주차 문제 / 짐 무게 문제 / 영어 사전 어플 / 내비게이
션 문제 / 방콕에서 나갈 수 있는지? / 유심칩 문제 / 부탄가스 구
매 / 숙소 인원 문제 / 호텔 예약 / 디파짓 문제 / 공항 Priority
pass 카드 / 씨티카드 / 10시 퇴소 / 핸드폰 문자 안 오거나, 늦게
오기 / 호주 전기 연결 잭 / 정보는 미리(인터넷 안 됨) / 필요 없
던 준비물.

이론과 실제가 다르듯이 실제 준비를 하면 여러 가지 문제가 발생한다. 이제 같이 준비를 한다는 마음으로 발생하는 문제들을 짚어 보기로 하자.

여행을 준비할 때 나는 먼저 여행 공책을 만든다. 여행 공책에는 여권 번호, 예산 문제, 여행 목적, 항공권 자료들, 준비물, 여행 일정, 숙소 예정지, 숙소, 카드 사용 내역, 일기, 지출 내역 등을 기록한다. 주로 오른쪽 페이지에만 기록하고 중간에 첨부할 내용은 왼쪽 페이지에 추가한다. 파일도 준비한다. 파일에는 항공권과 숙소 바우처, 여행지 정보 등을 프린트해서 넣는데, 약간 여유 있게 하여 현지에서 이면지로 사용

하기도 한다. 현지에서는 종이가 한 번씩 필요하다. 장 볼 때 목록을 적
거나, 영어가 잘 안 되어 적어서 이야기해야 할 경우도 생긴다.

여행은 시기 결정이 중요한 경우가 있는데, 서호주 여행이 대표적인
경우다. 시기별 장단점이 뚜렷하기 때문이다. 1~2월에 간다면 서호주
남부는 여름이라서 옷 준비가 가벼울 수 있다. 그리고 수영이나 물놀이
하기 좋은 계절이다. 우리나라에서라면 겨울이 춥고 힘들 텐데, 호주에
가서 따뜻한 여름을 즐길 수 있다. 하지만 필바라Pilbara나 킴벌리Kimberley
지역은 우기라서 길이 물에 잠겨서 통행할 수 없는 경우가 많다. 또한,
우기에는 수인성 질환에 주의해야 한다.

여행하는 동안 물이나 음식을 잘못 먹고 설사를 많이 해서 탈수 증
상을 보이기 쉽다. 그리고 벌레나 곤충도 생각해야 한다. 필바라나 킴벌
리 지역으로 간다면 우기라서 파리가 많을 때다. 그래서 플라잉네트라
고 하여 얼굴에 달려드는 파리를 피할 수 있는 그물망을 써야 할 정도라
고 한다.

봄과 가을도 여행하기 좋을 것이다. 하지만 내가 갔던 벙글벙글 지
역은 강물이 아직 깊어서 도로로 접근하기 힘들었을 것이다. 만일 타나
미 로드Tanami Road나 깁 리버 로드Gibb River Road를 달리고 싶다면 7~8월을
권한다. 서호주 북쪽 지역인 필바라나 킴벌리 지역의 도로는 물에 잠기
는 경우가 많아서 건기가 아니면 접근이 아예 안 된다는 점을 꼭 알아야

한다. 7~8월도 단점이 있는데, 서호주 남부나 중부에서 수영하기에는 춥다. 일교차가 심해서 감기 들거나 컨디션 난조를 보이기 쉽다. 그리고 카리지니 지역은 어린아이들이 텐트 생활하기에 춥다. 그래서 캠핑카나 카라반을 고려해야 한다.

여행을 준비하면 처음에 항공권을 구매한다. 물론 시간 여유가 있으면 일찍 구매하여 저렴한 항공권을 선택하겠지만, 개원 한의사가 계획대로 움직이기는 쉽지 않다. 내가 가고 싶은 곳이 샤크만과 카리지니, 울프 크릭, 벙글벙글이라서 항공권의 최종 목적지를 퍼스와 다윈으로 생각했다. 물론 브룸을 선택할 수도 있지만, 항공권 가격이 너무 비쌌다. 한두 명이면 어떻게 생각해 보겠지만, 우리 식구는 6명이다. '퍼스와 다윈 중 어디를 선택하느냐?'도 비용 때문에 퍼스로 낙찰이 되고 만다.

자, 이제 퍼스가 항공권의 최종 목적지가 되었는데, 퍼스로 가는 항공권 중 어떤 항공사를 선택하느냐가 남았다. 그런데 항공사 선택도 아무래도 가격을 먼저 생각하게 되었다. 대개 타이항공, 캐세이퍼시픽, 싱가포르항공, 가루다항공, 콴타스항공, 아시아나항공, 대한항공순서로 가격이 올라갔다. 국적기를 이용하면 서비스도 좋고 한국말이 통하지만, 인원 때문에 계속 저렴한 쪽으로 흘러갔다. 그리고 어차피 퍼스까지는 직항이 없으므로 국적기나 경유를 하는 외국 항공사나 비슷하다고 생각했다. 각 항공사는 각각 그 나라에서 경유하므로 가령 타이항공을 선택하면 방콕 여행을 거의 공짜로 할 수 있다는 욕심도 났다. 그래서 방콕을 가느냐, 홍콩을 가느냐, 싱가포르를 가느냐, 이런 행복한 고민도 많이 했다. 하지만 그 결정마저도 방콕을 경유하는 타이항공 가격의 장점이 덮어 버렸다. 그리고 아이들이 야간 비행을 하는 것은 좋지 않다고 여겨서, 낮 비행 스케줄을 잡을 수 있는 곳을 선택한 결과이기도 하다. 그리고 퍼스 가는 항공편이 피곤하지 않도록 방콕에서 하루 쉬었다 가도록 조절했다. 물론 귀국 항공편도 방콕에서 2일간 쉬도록 짰다. 이런 경우를 '스톱오버stopover'라고 하는데, 비용이 조금 추가된다. 결국 항공권은 성인 4명 각각 871,900원, 소아 2명 663,200원이 되었다.

　또 추가할 내용은 한꺼번에 6명의 항공권이 필요하다 보니 좌석 확보가 쉽지 않았다는 것이다. 더구나 환승의 경우 두 항공편 모두에서 6명의 좌석 확보를 해야 하므로, 인터넷으로 검색하면 좌석이 없는 경우도 많고 항공권 가격도 올라가기 일쑤였다. 그래서 두 명씩 나눠서 발권하기도 하고 항공사 직원에게 부탁도 하여 간신히 마련했다. 또한, 주간 비행 항공권만 구하다 보니 여행 스케줄도 몇 번 바꾸었다. 다행히 예약만 하고 항공권 비용 입금 전에 변경하면 변경 수수료가 없었다. 아마 항공권 발권 담당 직원과 인터넷 문의 7~8회, 통화 5~6회는 한 것 같다. 직원에게 미안한 마음이 많이 든다. 힘들었을 텐데 짜증 한 번 안 내고 도와주었다.

　카드는 종류별로 2개 이상 준비가 필요하다. 우리 식구는 3개를 준비했고, 놀라운 것은 서호주에서 전화는 잘 안 되는데 카드 사용은 편하게 잘 되었다. 카드에 대해 약간 내용을 보강하면, 어떤 신용 카드는 priority pass 카드를 같이 발급해 준다. 이 카드를 사용하면 공항 라운지를 이용할 수 있다. 공항 라운지에 가면 휴식 공간과 간단한 식사 등을 할 수 있게 되어 편하고, 아이들도 좋아한다. 카드에 따라서 본인만 입장 되기도 하고, 가족 동반 입장이 가능하기도 하다. 동반 가족은 비용을 더 지불해야 하는 경우도 있는데, 이 카드를 이용하여 인천공항과 방콕공항에서 온 식구들이 입장해서 여행 기간에 즐겁게 지냈다.

유료 도로 문제 – 인터넷 자료를 살피는 중에 호주에서 자동차 렌트를 하여 잘 사용하고 한국에 돌아온 후 벌금(?)이 카드사로부터 날라 왔다고 한다. 알고 보니 유료 도로 통과 요금 미납분과 연체료가 붙어 있었다고 한다. 그래서 아내가 걱정을 많이 했다. 하지만 서호주는 유료 도로가 거의 없고 설사 있어도 '유료 도로 통행료 그냥 좀 내자'라는 마음으로 해결(?)했다.

국제 운전면허증 – 일부 인터넷 자료에서는 국제 운전면허증이 있어도 한국 운전면허증까지 같이 보여 줘야 한다고 했다. 서호주에서 경찰을 두 번 만났는데 국제 운전면허증만으로 해결되었다.

코펠 문제 – 코펠을 구매할 때 몇 인용으로 해야 할지, 재질을 어떤 것으로 해야 할지 갈등했다. 코펠 크기는 큰 문제가 없고, 스테인리스 재질을 구매했으면 조금 무거워도 설거지할 때 수세미로 씻기 편했을 것이다. 스테인리스 재질 코펠이 재고가 없어서 경질 코펠을 구매한 것이 불만이었다.

텐트 문제 – 고급으로 살지 저렴한 것으로 살지 갈등했다. 내가 아마 추어라서 그런지 비싼 텐트가 어떤 점이 좋은지 모른다. 그래서 저렴한 것으로 선택했는데, 내 생각보다 훨씬 좋은 텐트였다. 6~7인용 텐트라서 제법 컸다. 나는 과거 텐트 사용 경험이 있지만, 나머지 식구들은 텐트를 사용해 본 적도 없고 텐트에서 잔다는 막연한 기대만 있었다. 그래서 집에서 텐트를 펼쳐서 텐트 설치 예행연습을 했다. 첫 텐트 설치는 카리지니에서 했는데, 늦게 텐트 사이트에 도착하여 밤에 설치하려니 힘들었다. 만일 한 번도 연습 안 해 보고 했다면 얼마나 힘들었을까? 텐트 설치가 익숙한 사람이라면 문제없지만, 만일 가족 여행에서 텐트 설치법을 모른다면 미리 한국에서 예행연습이 필요할 것이다.

침낭은 항공기로 옮길 때 부피를 많이 차지해서 약간 난처했다. 하지만 쿠션 작용 덕분에 귀중품을 침낭에 넣어서 포장하면 아주 좋은 완충재 역할을 한다.

손전등은 옛날에는 부피가 컸는데, 크기는 작으면서 밝은 제품이 많이 있어서 인터넷으로 주문했는데, 저렴하면서 크기도 작고 성능도 좋았다.

여행자 보험은 여행을 다니면서 한 번도 가입을 안 했는데, 서호주 여행은 아무래도 부담이 좀 되었다. 그래서 가입했는데 핸드폰 액정 손상 때 유용했다. 인터넷을 통해 가입하니 비용도 적게 들고 간단히 가입되었다.

렌터카 문제가 출국 전에 꽤 힘들었다. 자동차 보험에 관한 것, 6명이 탈 수 있는 차를 구하는 문제, 사륜구동 자동차를 구하는 것, 자동차 렌트 회사에 대한 의문 때문이었다. 인터넷 정보를 보면, 자동차를 렌트하여 보험 가입을 하는데 면책 구간이 있는 경우가 많다고 한다. 여기서 면책이라는 것은 각종 사고에서 보험 회사가 책임을 면한다는 의미이다. 그러니 만일 면책 금액이 100만 원이면, 사고 났을 때 수리 비용이 100만 원 이하일 경우 보험 회사 지불액은 없고 본인이 모두 부담해야 한다는 것이다. 특히 호주에서 자동차를 반납할 때 렌터카 회사에서 자동차를 구석구석 살핀 후, 면책 범위 내에서 수리비를 부담하게 하는 경우가 발생하여 조금 다툼이 있었던 모양이다.

보험 제도에 대해 더 확실한 정보가 필요하다고 생각을 했다. 자동차 렌트비도 생각해야 하지만, 보험료도 무시하기 힘들 정도로 비쌌다. 고민하던 차에 허츠Hertz라는 회사에 회원 가입을 하니 보험 가입까지 해서 비용이 저렴하게 나왔는데, 보험이 풀 커버full cover라고 했다. 이 말이 무슨 뜻인지 알아보니 면책 금액이 없다는 의미였다.

　6명이 탈 수 있는 사륜구동 자동차도 알아봐야 했다. 5명이면 사륜구동이 쉬운데 6명에 짐까지 생각한다면 7인승이 되어야 한다. 자동차는 일본산 SUV가 주를 이루었다. 5인승 SUV는 도요타 프라도가 있고, 7인승 SUV로 도요타 크루거가 있었다. 7인승인 도요타 크루거로 선택하니 24일 빌리는 데 약 180만 원 정도 비용이 나왔다. 크루거가 7인승이니 프라도보다 큰 차라고 생각했다. 나중에 알고 보니 크루거는 3,500cc 가솔린 엔진 차량이었고, 프라도는 4,600cc 디젤 엔진 차량이었다. 한국에서 만나기 힘든 괴력의 자동차들이다. 한국산 카니발이 8인승이라서 고민을 좀 했는데, 사륜구동 자동차가 필요하여 선택을 안 했다.

　이렇게 7인승 SUV와 보험 문제를 해결하고 기분 좋게 앉아 있었는데, 아내가 혹시 도요타 크루거가 이륜구동이 아닌지 궁금해하기에 알아보니 크루거는 이륜구동 자동차도 있고, 사륜구동 자동차도 있었다. 그래서 한국 지사와 퍼스 현지에 국제 전화를 해서 확인해 보니, 어떤 경우는 사륜구동이 준비되고 어떤 경우는 이륜구동 차량이 준비된다고 하였다. 랜덤이라는 의미였다. 갑자기 망연자실해서 고민을 많이 했다. 내가 꼭 가야 할 곳은 울프 크릭 운석 구덩이이고, 그곳에 가려면 타나미 로드를 지나야 한다. 타나미 로드는 대표적인 사륜구동 오프로 드이다.

다른 업체도 알아보니 사륜구동 차량 전문 업체가 있고, 그런 곳은 트럭도 거래하는데 모두 가격을 게시하지 않고 전화 문의만 받았다. 곰 곰이 생각해 보니 그런 곳에서 자동차를 렌트하면 가격과 보험 문제가 만만치 않을 것 같은 느낌이 들었다. 이 느낌은 한국에서 느끼는 것으 로, 실제 호주에서는 다를 수도 있을 것이다. 그래서 고민하다가 한국 허츠사에 연락해서 가능하면 사륜구동 자동차로 준비해 달라고 메모를 해 달라고 전했다. 다행히 퍼스 공항에 도착해서 확인해 보니 사륜구동 자동차였다. 차량 뒷부분에 AWD라고 표시되어 있고 기어 근처에 AWD 버튼에 있었다.

또, 퍼스 공항에 도착해서 허츠 카운터에 가니 여직원이 계약서에 사인을 받은 후 자동차 열쇠와 계약서를 주면서 렌터카 주차장으로 가 라고 했다. 비행기가 4시에 도착했는데, 수속하고 짐 찾고 정리하다 보 니 호주는 겨울이라서 그런지 주변이 벌써 어둑어둑해졌었다. 짐을 카 트에 싣고 간신히 자동차를 찾아갔더니 거의 해가 져서 사진 촬영도 마 음먹은 대로 되지 않았다. 그리고 주차장에 자동차만 있고 직원들은 없 어서 자동차 확인도 안 하고 그냥 가져가도 되는지 의문이 들 정도였다.

중간에 렌터카 외에 캠핑카도 고려해 본 적이 있었다. 하지만 식구 가 많고 기동력이 떨어질 것 같았다. 더구나 사륜구동이 필요한 구간이 많아서 포기했는데, 서호주에서 캠핑카 여행도 고려해 볼 만하다고 생각한다. 왜냐하면, 서호주는 숙소가 준비되지 않은 곳이 많아서인지 카라반 파크라는 캠핑카 숙소가 발달되어 있기 때문이다. 그리고 서호주는 빨리 이동하면서 뭔가를 얻으려는 생각보다는 느긋하게 자연을 완상하면서 움직이는 것이 자연스러운 여행이라는 생각도 들었다. 또 퍼스에서 자동차를 빌려서 다윈에서 반납하는 것도 고려했는데 가격이 만만치 않았다.

자동차에 대해 몇 가지 덧붙여 말하면,

1 호주에서 렌트했던 자동차는 크루즈 기능이 있었다. 크루즈 기능은 내가 원하는 어떤 속도를 세팅해 놓으면, 액셀을 밟지 않아도 자동차가 자동으로 그 속도를 유지하는 기능이다. 대부분 오른쪽 아래의 방향지시등(깜빡이) 손잡이 아래에 달려 있다. 과거 미국에서 운전할 때 사용해 봐서 조금 익숙했다. 액셀을 밟는 오른쪽 다리가 편하기도 하지만, 과속 단속 카메라 대비에 아주 좋다. 가령 서호주 고속 도로는 대부분 제한 속도가 110㎞/h이니 108㎞/h 정도에 맞춰 놓으면 마음 편하게 운전할 수 있다.

2 많은 사람들이 알다시피 우리나라 자동차는 우측통행을 하지만 호주에서는 좌측통행을 한다. 좌측통행에서 문제 되는 것이 몇 가지 있는데, 차에 탈 때 간혹 반대쪽으로 타게 되는 것 정도는 간단한 해프닝이다. 하지만 운전 중 도로 중간에 대한 감각이 이상해진다. 우리나라는 운전석이 좌측이니 운전할 때 내가 도로의 어디쯤 위치하

면 자동차가 도로 중간쯤 위치한다는 것을 감으로 알고 있다. 하지만 호주에서는 오른쪽에 운전석이 있으니 자동차를 도로 중간으로 운전하는 것이 힘들었다. 게다가 운전석만 오른쪽에 있는 것이 아니라, 방향 지시등(깜빡이) 손잡이와 와이퍼 손잡이도 한국과 반대이다. 가령 비라도 내린다면 방향 바꾼다고 하다가 와이퍼를 올린다. 그러다 보니 이미 방향 지시등 켤 시간이 지나쳐 버리기도 한다. 그래서 첫 며칠은 완전히 진상 운전자가 되고 만다.

3 호주에는 교통 관련 범칙금이 상당히 많다. 과속하거나 안전띠 착용을 안 하다가 적발되면 몇 백 달러는 각오해야 한다. 과속 단속은 감시 카메라도 여기저기 있고, 경찰이 하는 약간의 함정 단속도 있을 수 있다.

4 호주에는 회전 교차로가 많이 있었다. 과거 한국에도 있긴 했는데, 서호주에서는 상당히 자주 만나게 되었다. 그런데 회전 교차로에서 교차로 안에 있는 차가 항상 우선이고, 그 차는 상대방이 진입 전 당연히 정차할 것으로 생각하기 때문에 그냥 쌩하고 지나간다. 처음에 당황하기도 했다.

5 일반적인 서호주 운전자들은 양보를 잘해주는 편이었다. 운전도 얌전히 하고 내가 실수를 해도 뒤에서 클랙슨을 울리지 않았다.

6 스쿨 존을 수시로 만나는데, 시간에 따라 40㎞/h 이하로 운전해야 하는 경우가 많다. 만일 규정 속도를 어기면 상당히 많은 범칙금을 물어야 한다.

7 서호주 아웃백의 고속 도로에서 야간 운전은 대단히 조심해야 한다. 동물들이 주로 일출과 일몰 시각에 많이 움직이므로 이 시간에 동물을 만나면 사고가 나기 쉽다. 그리고 아무도 없는 밤에 사고가 나면 대단히 난처해진다. 그래서 나는 새벽 일찍 출발하고 오후 4시에는 도착할 수 있도록 운전 계획을 세웠다.

8 기름값은 한국보다 저렴했다. 하지만 긴 거리를 이동해야 하므로 어느 정도 주유비 지출은 각오해야 한다. 일반적으로 퍼스에서 멀어질수록 가격은 올라갔다. 킴벌리 지역 주유비는 퍼스의 1.3배 정도 되었다.

9 아웃백 지역은 주차 문제에 신경이 안 쓰이는데, 퍼스나 프리맨틀에서는 주차할 때 신경을 써야 한다. 지역에 따라서 주차 요금을 내는 곳과 무료인 곳이 있고, 무료 주차도 주차 가능 시간이 정해진 경우도 있었다. 주차 전에 주차 가능한 시간을 꼭 확인해야 한다. 그리고 주차 요금도 미리 기계에 돈을 넣어 지불한 다음 그 영수증을 대시보드에 올려놓아야 하는 경우도 많았다. 주차 방법을 잘 모르겠다면 주변 자동차를 확인하고 그 자동차가 하는 대로 하거나, 주변 사람들에게 물어보는 것이 좋다.

10 서호주에는 철광석이나 곡물 등을 실어 나르는 로드 트레인이 자주 지나간다. 어떤 때는 상당히 길어서 추월할 때 애를 먹기도 하니 주의가 필요하다.

11 아웃백으로 나가면 오버 사이즈 차량도 지나다닌다. 오버 사이즈

차량은 차폭이 큰 경우인데, 오버 사이즈 차 앞에 다른 차가 오버 사이즈 차량이 뒤따른다는 것을 안내해 준다. 내가 길 가장자리로 피해 주는 정도인 오버 사이즈 차도 있지만, 어떤 경우는 아예 길 밖으로 나와야 하는 경우도 있다.

12 처음에 주유도 어색했다. 내가 렌트한 차는 휘발유차인데, 가솔린이라는 표시는 없었다. 그냥 노란색의 Unleaded라고 표시된 것을 주유하면 되었다. 그리고 Unleaded는 옥탄가에 따라 79, 95 등이 있는데 제일 저렴한 91을 주유했다. 디젤 차량은 Diesel이라고 표시된 녹색 주유대를 이용하면 된다. 주유 방법은 우리나라 셀프 주유소처럼 내가 먼저 주유를 한 다음, 가게 안으로 들어가서 계산대에 주유기 번호를 가르쳐 주고 계산을 한다. 퍼스를 벗어나면 주유소가 잘 없으므로 연료는 충분히 채우고 다니는 것이 좋다. 특히 킴벌리 지역은 주유소 만나면 웬만하면 가득 주유하는 것이 좋을 것이다.

13 서호주 아웃백으로 가면 타이어 문제 발생 가능성이 커진다. 사이즈 맞는 타이어를 구하기도 쉽지 않다. 그러니 사람들 대부분이 아예 스페어타이어를 두 개씩 가지고 다니기도 한다. 킴벌리 지역의 경우 비포장길도 많아서 타이어가 자주 터진다. 타이어 문제가 두 번 발생하면 어떻게 될지 생각만 해도 끔찍하다. 나는 마블 바에서 뉴먼으로 가는 길에 타이어가 찢어졌는데, 스페어타이어로 교체하는 것도 힘들었고, 사이즈 맞는 타이어 구매도 힘들었다. 그래서 나머지 여행은 가슴 두근거리며 아주 천천히 다닐 수밖에 없었다.

14 지도나 내비게이션에 거리 정보가 나오니 운전 시간 계산이 편하다. 서호주 고속 도로는 제한 속도가 대부분 110㎞/h이다. 그러니 한 시간에 대략 100㎞ 정도 운전한다고 생각하면 된다. 고속 도로는 대부분 왕복 2차로이고, 어떤 도로는 포장된 왕복 2차로이다. 비포장도로는 Unsealed Road라고 표시되어 있는데, 비포장도로도 도로 상태가 천차만별이다. 비포장이긴 하지만 도로 폭이 넓고 직선이며 바닥 상태도 좋은 길이 있는가 하면, 도로가 좁고 굽이치며 바닥 상태가 좋지 않은 경우도 많다.

특히 고속 도로에서 벙글벙글 지역으로 가는 53㎞의 비포장길 같은 경우 거리가 짧아서 금방 도착하리라 예상했는데, 강물이나 물웅덩이를 10회 정도 건너야 해서 거의 3시간이 걸렸다. 그러니 운전 시간은 도로 상황을 고려해서 결정해야 한다. 서호주 관련 서적에서 서호주 비포장도로에서 먼지를 일으키며 달리는 사진을 볼 때는 멋있게만 보였다. 하지만 내가 가서 보니 먼지 때문에 앞이 안 보여서 사고가 나기도 하겠다는 생각이 들었다. 또한, 사륜구동차로 멋지게 다니는 비포장도로인 깁 리버 로드나 타나미 로드는 한편으로는 서호주 킴벌리 지역 자연을 느끼는 야생의 길이지만, 조심해야 하는 길이다. '유진 슈메이커Eugene Merle Shoemaker'라는 유명한 미국 천문학자가 있다. 1993년 목성과 충돌한 유명한 슈메이커 레비 혜성의 발견자이며, 그의 이름을 딴 서호주 운석 구덩이도 있다. 이 슈메이커가 타나미 로드에서 교통사고로 사망했다. 이번 여행에서 나는 타나미 로드를 150㎞ 정도 운전해서 울프 크릭 운석 구 덩이를 보러 갔었다.

15 서호주 아웃백에서는 동물을 만나는 것을 조심해야 한다. 처음에 는 길에서 캥거루나 에뮤를 만나면 반갑고 좋았는데, 혹시라도 갑자 기 나타나면 사고 날까 봐 겁이 나기도 했다. 길에서 만나게 되는 동 물은 캥거루, 에뮤, 소, 딩고, 뱀, 새 떼이다. 빠르게 운전하다가 갑 자기 나타난 동물을 피하려고 운전대를 돌리다가 사고를 많이 만날 것 같았다.

16 고속 도로 휴게소에 대한 이야기가 조금 필요하다. 우리나라는 고속 도로 운전 조금 하다가 피곤하면 휴게소 들어간다. 뭐 먹고 싶 을 때도 마찬가지다. 그래서 주유, 간식, 휴식, 생리적 문제 등을 가 까운 휴게소에서 편하게 해결할 수 있다. 하지만 서호주 휴게소는 그냥 도로 중간중간 차가 잠시 정차하는 정도의 수준이다. 식사하거 나 주유가 가능한 휴게소는 굉장히 드물고 그런 휴게소는 지도상에 특별한 표시가 되어 있다. 우리 아이들은 한국 생각으로 고속 도로 운전 중 휴게소에 가서 라면이나 핫바, 떡볶이 등을 굉장히 먹고 싶 어 했지만, 그런 것은 상상 속에만 존재한다.

17 서호주 아웃백에서 운전할 때 주의해야 할 내용 중 하나가 전화 사용이 안 된다는 것이다. 전화 사용이 안 되니 문제가 발생하였을 때 연락 방법이 없다. 주요 도로인 고속 도로에서 문제가 발생하면,

지나다니는 자동차에 말이라도 해서 경찰에게 알릴 수도 있다. 하지만 관광을 위해 고속 도로를 벗어난 작은 도로에서 자동차가 고장 나거나 바퀴가 터지거나 진흙탕에 박히기라도 하면 큰 문제이다. 혼자서 그 상황을 벗어나기 위해 노력하거나 누군가 지나갈 때까지 무작정 기다려야 한다. 그래서 아웃백으로 운전해 가면 물과 연료를 충분히 준비해야 한다고 이야기하는 모양이다.

나는 아이들을 포함한 가족을 데리고 갔기에 이런 점이 무서웠다. 또한, 도로 이외에는 자동차를 몰고 가면 안 된다는 것을 이번 여행에서 확실히 알게 되었다. 도로 중에서 비포장도로도 위험한데, 도로 아닌 곳은 가기도 힘들 뿐만 아니라 도로를 벗어나면 굉장히 위험하다. 사륜구동 자동차로 오프로드를 간다는 이야기를 듣고, 진짜 오프로드 Off-road로 자동차를 몰고 갔다가는 자칫 목숨을 잃을 수도 있다는 것을 알아야 한다. 서호주 관광지들도 대부분 관광지 주변까지 자동차가 진입하도록 설계되어 있다. 왜냐하면, 자동차에서 너무 멀리 떨어진 곳까지 걸어가면 위험할 수 있기 때문이다. 물론 너무 겁내면 여행이 힘들 수 있을 것이다. 하지만 위험 상황은 항상 생각하면서 운전과 관광을 해야 할 것이다.

전자 비자 문제 – 항공권 구입할 때 6명을 한꺼번에 구매하다 보니 좌석 확보가 쉽지 않았다. 항공권 확보 때문에 신경 쓰다 보니 전자 비

자 발급 시간이 조금 촉박했다. 인터넷에서 전자 비자 발급을 받는 데 1
인당 20AUD의 비용이 든다는 내용을 보고 발급을 받으려다가, 옛날에
호주 갈 때 비용을 안 냈던 기억이 나서 확인해 보니 항공권 판매하는 곳
에 부탁하면 비용이 안 든다는 것이었다. 120AUD는 아꼈다는 것 때문
에 항공권 판매하는 곳 직원에게 고마운 마음과 함께 기분도 좋아졌다.

　　공항 주차 문제 – 우리 집이 있는 판교에서 인천공항까지 어떻게 갈
것인가를 생각했다. 공항까지 가는 리무진을 타려니까 많은 짐을 들고
공항버스 정류장까지 걸어가는 것도 힘들고, 나중에 피곤한 몸으로 짐
들고 돌아올 것도 부담되었다. 그래서 자동차를 타고 가서 공항 주차장
에 장기 주차하는 것을 고려했는데, 가격이 상당히 비쌌다. 인터넷을 뒤
지다 보니 운서역은 1개월 장기 주차가 몇만 원에 가능해 보였다. 그래
서 식구들과 함께 공항에 가서 짐과 식구들을 공항에 내려 준 다음, 나
혼자 운서역으로 가서 장기주차 1개월을 신청하여 주차한 다음 공항으
로 지하철을 타고 와서 합류하려고 계획을 세웠다. 운서역 근처 주차장
들도 확인한 다음 출국일 새벽에 가 보니 장기 주차는 운영 안 한다고
하였다. 운서역 근처 사설 주차장과 공영 주차장 모두 비슷한 상황이었
다. 막상 출발일 새벽에 이런 상황이 되고 보니 당황스러웠다. 그래서
문제가 있지만, 운서역 근처를 헤매다가 불법 주차(?)를 하고 왔다. 그
래서인지 귀국하는 날까지 주차 문제로 마음이 불편했다.

짐 무게 문제 – 한 달에 가까운 기간이라 여행 짐이 상당히 많았다. 텐트와 침낭, 매트까지 포함하니 큰 캐리어 2개에 박스가 5개나 되었다. 아무래도 비행기 짐 부칠 때 문제 될 것 같았다. 하지만 공항 가서 짐 부치면서 알아보니 1인당 30kg까지 부칠 수 있고, 식구가 6명이니 180kg까지 가능한데 100kg도 안 되었다.

영어 사전 어플 – 호주가 영어권 국가이니 영어 걱정이 되었다. 외국 여행하다 보면 인터넷 사용이 안 되는 경우가 많아서, 단어 숫자는 적지만 인터넷 연결 없이 단어를 찾을 수 있는 사전 어플을 핸드폰에 다운로드해서 준비했다. 이 사전이 필요할 때마다 도움이 많이 되었다.

내비게이션 문제 – 자동차 렌트할 때 내비게이션을 빌리면 가격이 비쌌다. 스마트폰이 있는데 내비게이션 빌릴 필요가 없다는 생각도 들었다. 그리고 서호주는 도로가 복잡하지 않으니 가볍게 생각한 것도 있었다. 퍼스 숙소에 가니 서호주 전 지역 관광 지도나 관광 팸플릿이 많이 있어서 아주 좋았다. 그리고 여행지의 관광 안내소에 가면 지도가 구비되어 있어서 정보와 길에 대한 감각은 익힐 수 있었다. 하지만 자세한 것은 역시 내비게이션이 필요한데, '구글맵'에서 오프라인 지도를 다운로드하여 사용하였다.

한국처럼 자세하지는 않지만 그래도 불편하지 않게 사용하였다. 구글맵의 오프라인 지도에서는 속도 감시 카메라 위치를 알려 주지는 않았다. 우리가 여행한 구간은 고속 도로 제한 속도가 대개 110㎞/h였다. 그래서 나는 자동차에 달린 크루즈 기능을 사용하였다. 그리고 핸드폰 내비게이션과 자동차 거리 측정 장치를 이용하여 거리 감각을 익혔다. 가령 포트헤들랜드Port Hedland에서 브룸까지 730㎞이면 자동차 계기판에 거리 측정 버튼을 눌러서 거리 측정을 하면서 운전하였다. 그래서 내가 어느 정도 운전했고, 앞으로 얼마나 더 운전해야 할지 대략 알게 되었다. 또한, 고속 도로에는 다음 목적지까지 10㎞마다 표시를 해 두어 운전자가 거리 가늠을 할 수 있게 도와주었다. 가령 브룸으로 간다면 10㎞마다 150BR, 140BR, 130BR… 식으로 거리 표시판이 있었다. 약간의 문제도 있는데, 구글맵의 오프라인 지도는 우리가 이동을 많이 했기에 지역이 바뀔 때마다 수시로 다운로드해야 했다. 인터넷이 안 되는 곳이 많아서 조금 힘들기도 하였다. 하지만 조그마한 도시를 갈 때마다 부지런히 다운로드하여 큰 문제 없이 사용할 만했다.

방콕에서 나갈 수 있는지 – 7월 9일 아침 9시 35분에 인천에서 출발하여 오후 1시 25분에 방콕에 도착했다. 방콕에서 퍼스로 가는 항공편은 7월 10일 오전 7시 20분이었다. 그래서 많은 사람들이 그냥 방콕 공항에서 쉬다가 다음 날 아침에 퍼스로 가기도 한다. 하지만 아이들이 힘들 것 같아서 방콕 시내에서 자야 한다고 생각했다.

짐은 7월 9일 인천에서 부칠 때 항공편 연결로 7월 10일 퍼스에서 찾도록 하였다. 7월 9일 오후에 공항에서 방콕 시내로 나왔는데 문제는 없었다. 예약해 두었던 호텔에서 자고, 맛난 태국 음식도 먹었다. 일부 인터넷 정보에 의하면 공항 밖으로 나갔다가, 다시 항공권 카운터에서 항공권을 받으면 공항 이용료를 내야 한다고 했다. 그래서 태국 밧을 준비했는데, 7월 10일 아침에 퍼스행 티켓 받을 때 공항 이용료 부담은 없었다. 결론은 편하게 방콕 시내 나와서 쉬다가 퍼스로 갔다는 것이다.

유심칩 문제 - 우리는 핸드폰을 네 개 준비해 갔다. 내 핸드폰은 한 의원에서 오는 급한 연락을 받기 위해 로밍을 하였고, 핸드폰 한 개는 배터리 충전기 준비가 안 되어 사용을 못 했다. 그리고 나머지 두 개는 퍼스 공항에서 유심칩을 사서 사용했다. 텔스트라Telstra Corporation가 아웃백Outback에서 끊김 없어서 좋다는 정보를 알고 있어서 텔스트라 유심칩을 구입하려고 하는데, 퍼스 공항에는 텔스트라 대리점이 없어서 보더폰Vodafone 대리점에서 1개월 사용 가능한 유심칩을 두 개 샀다. 그런데 여행 중 슈퍼에서 장을 보면서 알게 된 사실이 있는데, 유심칩을 슈퍼에서도 팔고 있었다. 즉 대리점에서 개통할 필요 없이 슈퍼에서 유심칩을 사서 끼우면 되는 것이었다. 다만 유심칩을 직접 사서 끼우려면 여권 번호를 입력하는 등 약간의 시간이 걸렸다. 보더폰 유심칩 핸드폰은 인터넷 사용이나 가족끼리 연락할 때 유용했다. 하지만 아웃백에서는 거의 사용이 안 된다. 인터넷만 안 되는 것이 아니라 전화 연결 자체가 안 된다. 너무 불편하여 중간에 텔스트라 유심칩을 사서 사용했는데 그나마 보더폰보다 연결이 잘되었지만, 아웃백 대부분 지역에서는 신호가 잡히지 않았다. 로밍한 내 핸드폰도 아웃백에서는 거의 신호가 잡히지 않아서 사용을 못 했다. 간혹 작은 도시들을 스쳐 지나가거나 도시에 들어갈 경우, 그때 인터넷을 이용하여 숙소 예약과 지도를 다운로드하고 전화 사용을 하였다.

부탄가스 구매 – 물품 준비에서도 이야기했지만, 호주에서도 이름은 똑같이 부탄가스이고 큰 마트에서 판매하고 있어서 문제가 없었다.

숙소 인원 문제 – 우리 가족은 인원이 좀 많아서 숙소 예약할 때 조금 문제가 있다. 숙소 예약에서 어른 3명 어린이 3명을 선택하면 방 잡기가 힘들다. 어떤 때는 방 2개를 잡아야 하는데, 간혹 방 3개를 잡아야 하는 경우도 발생한다. 동남아 호텔에서 방 2개를 잡으면 좋은 호텔로 잡아도 20만 원이면 가능하다. 하지만 서호주의 숙소들은 그렇게 좋은 곳이 아닌데, 방 2개 잡으면 대략 40만 원 이상 나온다. 그래서 가족 숙소를 선택하면 침대가 2~3개 정도 되고, 인원은 4명 내외 잘 수 있는 곳이 20만 원 정도 된다. 문제는 인원을 체크할 때다. 매번 이 문제가 힘들었다. 인원을 어른 4명에 어린이 2명으로 예약하면 비용이 어마어마하다. 그래서 어른 3명에 어린이 1명 정도로 체크하여 4인용 방을 선택한 다음, 침대가 부족하면 우리 부부는 바닥에 매트리스를 깔고 자기도 했다. 대부분 4인용 방은 큰 침대가 2개여서 한 침대에 3명씩 나누어

잠을 잤다.

호텔 예약 – 호텔 예약은 아고다agoda나 네이버Naver를 통하여 익스피디아Expedia 등을 이용하였다. 오전 중에 인터넷이 되는 곳에 갈 때마다 숙소를 예약해 두고 저녁에 그 숙소에 들어가는 방식이다.

디파짓 문제 – 호텔 체크인 할 때 디파짓Deposit으로 금액을 정하지 않고 카드를 긁거나, 아주 적은 금액을 카드로 긁거나, 큰 금액을 카드로 긁거나, 돈을 맡겨 두기도 한다. 카드로 어떤 금액을 디파짓을 긁게 되면 카드사에 승인은 받고 청구는 하지 않는 방식이다. 하지만 우리는 여행지를 계속 옮겨 다니기 때문에 실제로 청구가 되었는지 안 되었는지는 추후에 카드사에 청구 내역을 확인해야 한다. 우리 가족은 여행 노트에 카드 사용 내역을 기록하는데, 특히 디파짓 부분은 꼼꼼히 챙겼다가 추후 카드사 청구 부분과 꼭 맞추어 본다.

10시 퇴소 – 다른 나라와 달리 서호주에서는 숙소 체크아웃 시간이 오전 10시였다. 퍼스에 도착한 다음 날 체크아웃 시간을 12시로 생각하여 여유 있게 있다가 레이트 체크아웃 비용을 물기도 하였다. 아마도 서호주 사람들의 생활 습관과도 관련이 있는 것 같다. 서호주 아웃백에서는 아침에 해가 뜨기 전에 일찍 일어나고, 해가 있을 때 일을 마치고, 해가 지면 어두워지므로 숙소에 들어가서 7시면 잠을 자는 듯하다. 그래서 혹시 저녁 6시 이후에 숙소에 도착하면 직원들이 퇴근하고 없는 경우가 많고, 가게들도 6시만 되면 문을 닫는 경우가 많았다.

핸드폰 문자 안 오거나, 늦게 오기 - 서호주 아웃백에서는 로밍한 핸드폰에서 신호가 잡히지 않기 때문에 전화 연결도 안 되지만, 문자 역시 안 온다. 그러니 카드 사용 내역 확인도 안 되어 답답한 경우가 많았다. 그래서 카드로 결제하면 공책에 적어 놨다가 나중에 카드사에서 승인되거나 청구된 내역과 함께 꼼꼼히 따져 봐야 한다.

호주 전기 연결 잭 - 호주의 전기 콘센트는 우리나라와 전혀 다르다. 외국에서 사용 가능한 국제 전기 연결 잭이 필요하다. 그리고 핸드폰 충전기같이 급히 필요한 것이 있으면 서호주에 가서 현지 슈퍼에서 구입하면 된다. 단지 가격이 조금 비싸다.

정보는 미리미리 준비해야 한다. 서호주 아웃백에서는 인터넷이 안 되는 곳이 많다. 그래서 관광지 자료나 정보들을 미리 준비하여야 한다. 가령, 밤에 킴벌리 지역에서 안드로메다은하Andromeda galaxy인 m31이나 대마젤란은하Large Magellanic Cloud의 위치를 알고 싶다면, 미리 정보를 준비하여야 한다. 그리고 미리 '별지도' 같이 인터넷 사용 없이도 사용 가능한 어플을 핸드폰에 다운로드하여 준비해 가야 한다.

필요 없던 준비물은 백반이나 몽둥이, 삽 등이었다. 호주 정부는 서

호주 아웃백의 외딴곳까지 도로 관리를 잘해 놓았고, 오지의 관광지에
도 신경을 쓴 흔적이 보였다. 텐트나 캠핑카 등을 이용하여 숙박이 필요
한 곳은 관광객이 접근하여 숙박할 수 있도록 준비를 해 놔서 특별한 준
비가 필요하지 않았다. 관광객들이 도로 바깥으로 나가지 않고, 안내에
잘 따르면 문제없도록 해 놓았다. 안내를 해주는 표시가 우리 생각만큼
눈에 확 띄거나 자주 있지는 않다. 어떤 지역을 가든지 미리 관광 안내
소에 가서 자료를 받거나 관광지에 붙여 놓은 안내판을 유심히 읽어 본
다음에 움직이는 것이 필수다.

제2장
서호주 여행

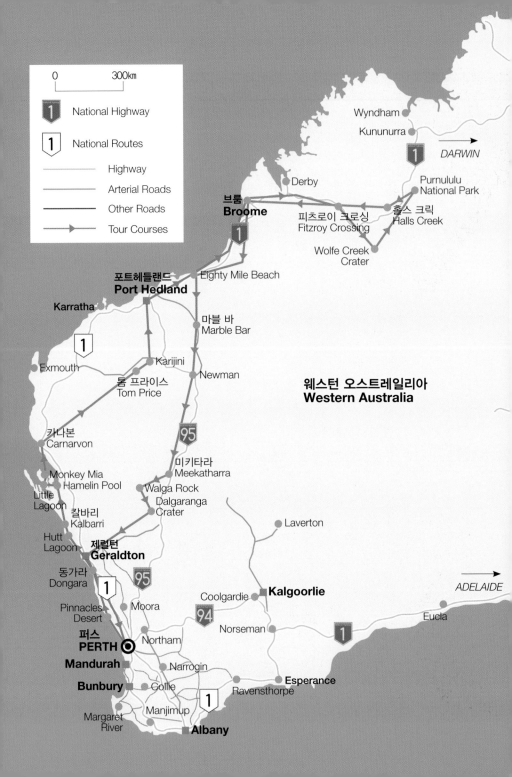

01　서호주 여행 동안의 주요 일정과 숙소

2017.07.09 ~ 08.05

SUN	MON	TUE	WED	THD	FRI	SAT
07/09	10	11	12	13	14	15
인천 ▸ 방콕 (Bangkok AVANI Hotel)	방콕 ▸ 퍼스 (Starwest Apartments Alderney on Hay)	퍼스 ▸ 피너클스 사막 ▸ 동가라 (Dongara Denison Park)	동가라 ▸ 헛 라군, 칼바리 해변 (Kalbarri Palm Resort)	칼바리 ▸ 칼바리 머치슨 강 하멜린 풀 ▸ 데넘	데넘 ▸ 멍키 미아, 리틀 라군, 이글 블러프, 쉘 비치 ▸ 카나본	카나본 ▸ 톰 프라이스
16	17	18	19	20	21	22
톰 프라이스 ▸ 카리지니 국립공원 캠프장	카리지니 ▸ 포트헤들랜드	포트헤들랜드 ▸ 에이티 마일 비치 ▸ 브룸	브룸 ▸ 피츠로이 크로싱	피츠로이 크로싱 ▸ 울프 크릭 크레이터	울프 크릭 크레이터 ▸ 푸눌룰루 국립공원 (Bungle Bungle)	벙글벙글 산맥 ▸ 홀스 크릭
23	24	25	26	27	28	29
홀스 크릭 ▸ 브룸 (Broome Time Lodge)	브룸 휴식 (Broome Time Lodge)	브룸 ▸ 에이티 마일 비치 ▸ 마블 바	마블 바 ▸ 뉴먼	뉴먼 ▸ 미키타라	미키타라 ▸ Walga Rock, Dalgaranga Crater ▸ 제럴턴	제럴턴 휴식
30	31	08/01	02	03	04	05
제럴턴 ▸ 퍼스	퍼스, 쇼핑과 휴식	퍼스, 동물원	퍼스, 프리맨틀	퍼스 ▸ 방콕	방콕	방콕 ▸ 서울

02 ___ 28일간의 다이어리

2017.07.09 (일)

인천  방콕 (Bangkok AVANI hotel)

어젯밤에 짐을 챙겨 놓고 잤는데도 아침에 바빴다. 9시 30분 출발 항공 편이지만, 집에서는 아침 일찍 출발해야 한다. 공항에 2시간 전에 도착 해야 하고, 집에서 공항까지 1시간은 걸린다. 그리고 주차 문제와 준비 물 챙기기, 아침 식사, 여유 시간까지 생각하면 6시 10분에는 집에서 나 와야 한다. 일요일 아침이라서인지 차가 안 막혀서 다행이다. 하지만 요 즘 외국 여행객이 많아서 발권과 탑승 수속에 시간이 오래 걸리는데, 오 늘은 조금 여유가 있었다. 간밤에 잘 잤는지 아이들에게 물어보니, 호주 여행 간다고 설레었다고 했다. 그렇구나. 나는 어느새 여행에 관한 설렘이 사라지고, 여행 계획 수립과 문제 해결에 신경을 곤두세우는 사람이 되고 말았다는 생각이 들었다. 공항으로 가는 자동차 안에서 이번 여행에 대한 각오를 물어보니 아이들은 기대에 찬 대답을 많이 하고 우리 부부는 걱정을 많이 하는 느낌이었다. 자동차 안에서 오늘 일정과 주의 사항 당부를 했다.

며칠 전부터 막내 가린이가 열이 나고 목이 아팠다. 계속 신경이 쓰였다. 상태가 안 좋으면 여행 취소할 각오도 했다. 다행히 아침에 가린이 몸이 조금 회복되었다. 하지만 아직 목은 조금씩 따갑다고 한다. 편도선을 포함한 상기도 염증이 있는 것 같다. 휴식을 취해야 하는데, 여행이 무리가 되지 않을지 조심스럽다.

주차 문제가 발목을 잡았다. 운서역에 가면 장기 주차 가능하리라 생각했는데, 사설 주차장 몇 군데와 공영 주차장을 둘러봤으나 장기 주차는 실패했다. 어떻게 할지 고민을 하다가 편법 주차를 할 수밖에 없었다. 이 문제 때문에 여행 끝날 때까지 마음이 불편했다.

급하게 공항으로 와서 식구들을 만나니 또 문제가 발생했다. 셋째 경문이 여권 영문 이름은 LEE KYUNG MOON인데, 항공권 예약 영문 이름은 LEE KYEONG MOON으로 되어 있다. 고맙게도 항공사 직원이 도움을 줘서 간단히 해결되었다. 하지만 이후 비행기 탑승 때마다 수속 카운터에서 조금씩 말썽이 있었지만 쉽게 해결되었다.

인천에서 방콕까지 5시간 30분 정도 걸렸다. 좁은 곳에서 아이들이 잘 지낼까 걱정했는데, 아이들은 게임도 하고 영화도 보면서 재미있게 시간을 보내고 있었다.

방콕에는 오후 1시 30분쯤 도착했지만, 입국 수속 등에 시간이 걸리다 보니, 숙소 도착은 오후 4시가 넘었다. 방콕은 여러 번 여행 경험이 있어서 마음이 가벼웠다. 인천에서 짐을 부칠 때 퍼스에서 찾기로 해서 배낭 하나 메고 공항을 나온다. 공항에서 씨티은행 카드로 태국 돈 1만 밧을 찾았다. 태국 택시들은 잔돈으로 애를 많이 먹인다는 것을 알고 있다. 그래서 20, 50, 100짜리 밧baht이 필요하다. 잔돈 바꾸는 것도 일인데, 근처 환전소에서 쉽게 바꿔 줬다. 공항에서 택시 잡는 것은 번호표 뽑듯이 뽑고, 그 번호표에 적혀 있는 탑승장으로 가면 택시가 대기하고 있었다. 기억은 잘 안 나는데 그 번호표에 승객을 위한 택시 회사와 택시 번호가 적혀 있었다.

원래 목표는 호텔에서 조금 쉬다가 마사지 받고 저녁 식사하는 것이었는데, 왠지 피곤해서 식구들이 낮잠을 잤다. 저녁에 근처에서 태국 요리 먹고 일찍 잤다.

2017.07.10 (월)

방콕 🚗 퍼스 (Starwest Apartments Alderney Hotel)

밤에 천둥 번개가 많이 쳤다. 새벽 7시 30분 퍼스행 비행기 타려면 숙소에서 4시 30분에는 출발해야 한다. 그래서 잠을 설쳤다. 새벽 4시 38분에 호텔에서 나왔다. 인터넷 정보를 믿고 방콕공항 사용료 준비를 했는데, 방콕공항 사용료는 없었다. 공돈이 생긴 느낌이다. 그리고 예상보다 출국 심사 시간이 짧았다.

　아침 식사를 못 해서 Priority Pass 카드를 이용해서 공항 비즈니스 라운지에 갔다. 시설이 굉장히 좋았다. 휴식 공간과 샤워 시설, 간단한 식사가 가능하였다. 식구들 아침밥을 해결하고 나니 모두 좋아했다.

　퍼스까지는 대략 7시간이 걸리고 인천 방콕 간 항공기보다 작은 비행기였다. 가는 비행기가 만석이라서 힘든 데도 아이들은 지난 비행처럼 영화를 보고 게임을 하면서 잘 지냈다.

　오후 3시 30분 도착인데, 짐 찾고 입국 절차를 밟다 보니 시간이 금방 흘러갔다. 특히 호주 입국 때 물품 검사 시간이 오래 걸렸다. 우리 가족의 밑반찬들을 꼼꼼히 챙겨 봤다. 다행히 그중에 메추리 알 조림 1팩만 통과 못 하고 다른 품목은 통과되었다. 또, 퍼스에 도착하고 보니 날씨가 쌀쌀했다. 아이들 건강이 걱정되어 모두 봄 · 가을용 점퍼를 꺼내

입게 했다. 입국장에서 핸드폰 유심을 샀는데, 원하던 텔스트라 대리점
이 없어서 보더폰으로 1개월짜리 2개 샀다(30AUD×2). 씨티카드로 호주
달러도 찾은 다음 렌터카 회사인 허츠Hertz에 가서 계약서 작성하고 자동
차 열쇠를 받았다. 렌터카 주차장을 몰라서 조금 헤맸다. 렌터카 주차장
은 따로 있었는데, 대합실 나와서 왼편이었다. 주차장에 가면 직원이 있
으리라 생각했는데, 덩그러니 자동차만 있었다. 그냥 타고 가도 되나 싶
을 정도였다. 자동차 받기 전에 자동차 상태를 사진 찍어 두려고 했었는
데, 벌써 해가 거의 져서 주위가 어둑어둑해졌다. 7월의 한국은 여름이
라서 해가 길지만, 호주는 겨울이라서 해가 짧다. 그래서 오후 5시 넘으
면 해가 진다. 어쨌든, 자동차 상태를 찍어 두려다가 생각해 보니, 내가
렌트한 차는 보험사 면책금이 없는 풀 커버 보험이었다. 그러니 자동차
상태가 중요하지 않으리라 생각한다. 그래도 걱정되어 자동차 바깥 도
색이 벗겨진 부분을 위주로 약간 찍었다.

　우리 자동차는 도요타 크루거로 AWD에 3,500cc 휘발유 자동차다.
한국에서 이 차를 몰고 다닌다면 굉장히 멋질 것이다. 밟으면 치고 나
가는 힘이 아주 좋다. 내가 사륜구동차를 요구해서 AWD인 이 차를 준
비해 준 모양이다. 하지만 서호주 아웃백에서 다른 자동차의 바퀴를 보
니, 우리 차는 새색시 같은 느낌이었다. 다른 자동차 바퀴는 트레드tread
가 우락부락해서 물웅덩이나 진흙탕에서도 끄떡없어 보였다. 반면에 우
리 차는 AWD에 3,500cc 자동차이지만 곱상해 보여서 걱정이 되었다.

그래도 9,000㎞나 우리를 잘 태우고 다녀 준 자동차가 나중에는 고맙게 느껴졌다.

자동차를 몰고 나오려다 퍼스 숙소 예약을 안 해 놓은 것이 생각났다. 숙소 때문에 약간 다툼이 있었지만, 스마트폰으로 검색하여 숙소를 구했다. 주변은 이미 어둠이 내리고 새로운 땅에 도착하여 분위기가 어색했다. 서호주에 대해 기대보다 새로운 세상에 대한 겁이 먼저 날 수도 있다. 자동차 운전을 하려니 일단 좌측통행이라 차로 중앙으로 운전하는 것이 힘들었다. 자동차를 자꾸 오른쪽 차선으로 붙게 된다. 게다가 생각지도 못했던 방향 지시등 손잡이가 오른쪽에 있고, 와이퍼 조절기가 왼쪽에 있다. 비까지 슬슬 내리다 보니 공항 빠져나가는 것도 조금 힘들었다. 하지만 핸드폰에 준비한 구글 내비게이션을 이용하여 숙소를 찾아갔다. 정말 엉금엉금 기다시피 운전했다. 그런데 마지막에 숙소가 도로 오른편에 있고, 도로 중간은 실선이었다. 여기서 우회전으로 주차장에 들어가야 하는데, 이런 것이 퍼스에서 가능할지 의문이었다. 갈등을 1분 정도 하다가 그냥 우회전해서 도로 중앙 실선을 밟고 주차장으로 들어갔다. 내가 소심한 것인지 아니면 진짜 문제 되는지 아직 모르겠다.

숙소에 짐을 풀고 바깥바람을 쐬기 위해 테라스로 나오니, 공기가 제법 쌀쌀한데, 하늘을 보니 구름 사이로 은하수가 펼쳐져 있다. 저녁 식사를 위해 알아보니 슈퍼 문을 벌써 닫았다고 한다. 주변이 깜깜한 것이 식당들도 안 보이고, 여기는 왠지 하루가 일찍 끝나는 모양이다. 그래서 저녁 식사는 햇반과 컵라면으로 했다. 처음에 라면을 끓여서 먹으려고 하니 물에서 염소 냄새(락스 냄새)가 지독하게 난다. 웬만하면 잘 먹는 나도 못 먹을 것 같아서 버렸다. 그래도 서호주 도착했고, 내일 여행이 기대된다. 퍼스라는 대도시보다 마음 편한 아웃백으로 빨리 가고 싶다.

2017.07.11 (화)

퍼스 🚗 피너클스 사막 🚗 동가라 (Dongara Denison Park)

하루 내내 비가 오락가락했다. 여행 오면 일찍 잠이 깬다. 새벽 5시 안 되었는데 일어났다. 인터넷으로 아침 일찍 문을 여는 슈퍼를 검색해서 찾아 나섰다. 거리는 조금 멀지만 울워스Woolworth를 발견했다. 하지만 신기한 것이 많아서 장 보는 데 시간이 오래 걸렸다.

　특히 이런저런 캠핑 도구까지 사려니 시간은 무한정 흘러갔다. 생선 가게에서 한국의 감성돔과 비슷한 스내퍼snapper도 샀다. 숙소에 도착하

여 감성돔구이에 스테이크까지 먹고 나니 10시가 넘었다. 짐 챙겨서 숙소에서 체크아웃하려니, 10시가 퇴실 시간인데 1시간 늦었다고 10AUD를 요구한다. 숙소 1층에 서호주 관광지 안내 책자가 많이 구비되어 있어서 보기 좋았다. 특히 카라반 관련 자료들은 지도와 숙소 및 관광지가 잘 나와서 여러 권 챙겼다.

　11시 38분 드디어 출발!

　일단 무작정 바닷가를 따라 북쪽으로 방향을 잡았다. 퍼스에서 운전하면서 독특한 점이 있다면 중앙 분리대에 큰 나무가 많고 예쁘게 꾸며 놓았다는 점이다. 서호주 아웃백으로 가는 운전은 인디언 오션 로드Indian Ocean Road를 따라가되 피너클스Pinnacles가 목표다. 처음 고속 도로로 들어가니 조금 얼떨떨했다. 하지만 운전 경력 20여 년인데 이 정도는 극복 가능했다. 처음에는 편도 4차로였던 고속 도로가 점점 좁아지더니 왕복 2차로 도로로 바뀌면서 서호주 아웃백으로 들어가는 느낌이 났다. 아이들이 캥거루를 보고 싶어 했다. 그런데 캥거루 사체들이 수시로 보여서 내가 캥거루라고 고함치면 아내가 화를 냈다. 아이들 정서에 안 좋다고.

퍼스를 벗어난 지 얼마 안 되었음에도 인터넷이 안 되고 전화도 안 되었다. 피너클스 방향으로 가다가 중간에 닐젠 룩아웃 포인트Nilgen Lookout Point가 보여서 구경을 조금 했다. 바다도 보이고, 꽃이나 못 보던 나무가 있어서 서호주에 온 실감이 났다. 전망대길은 200m 정도의 산책길로 만들어져 있는데, 길을 걸으면서 해변과 아름다운 야생화를 구경할 수 있는 곳이다. 그리고 600m의 산책로Wildflower Trail도 있었지만 생략했다.

간혹 비가 세차게 내리다가 거치다가 하는 길을 가다 보니 오른쪽으로 모래 언덕이 보이기

시작했다. 해변에 쌓인 사구Sand Dune라는 지형들인데, 이것을 보니 남붕
Nambung 국립 공원이 다가왔다는 생각을 했다.

　USB에 담아 온 노래들이 대부분 내가 좋아하는 노래라서 아이들이
조금 싫어했지만 고생하는 아버지를 위해 처음 며칠
은 양보를 잘했다. 피너클스에 도착하니 비바람이
조금 몰아쳤다. 피너클스의 이국적 모습과 비바람
이 나에게 남다른 인상을 주었다. 야생의 느낌이
랄까? 퍼스에 여행 온 사람들은 피너클스를 많이

찾는 모양이다.

　피너클스 관광을 마치고 세르반테스Cervantes로 갔다. 조금 늦은 점심을 먹기 위해서였다. Lobster Shack 식당을 찾아갔는데 3시가 넘어서 식당은 벌써 문을 닫았다. 냉동 새우와 냉동 랍스터를 팔고 있었지만 해먹기 귀찮아서 사지 않았다. 바닷바람만 조금 쐬고 계속 북쪽으로 차를 몰았다.

　　도로 양옆으로 멋진 나무들이 뾰족뾰족 솟은 곳을 지나기에 지명을
확인하니 리먼Leeman이라는 곳이었다. 생각보다 해가 일찍 졌다. 해가 서
쪽 바다로 넘어갈 무렵 해변이 보여서 무작정 들어가 보았다. 도로에서
풀숲 사이를 한 100m 들어가니 해변이 펼쳐졌는데, 해변이 온통 해조
류로 덮여 있었다. 끝없는 인도양 바다가 보이고 시원한 해풍이 불어왔
다. 사람 흔적이 없는 자연 그대로의 해변이 이런 모습일 것으로 생각했
다. 해변과 도로 중간쯤 캠핑카가 한 대 보였고, 딸아이와 아빠가 있었
는데 우리에게 손을 흔들어 주었다. 이렇게 외롭고 깜깜한 곳에서 과연
잘 수 있을까 싶었다. 우리는 캠핑카가 없으니 다시 나와서 길을 재촉했
다. 다음 도시는 동가라Dongara이고 해가 져서 더는 이동하기 힘들어서,
동가라에서 잠자기로 했다.

　　동가라에 들어가니 마을에 집이 조금 있었고, 식당이 보여서 들어갔
다. 메뉴를 보니 '피시 앤 칩스Fish and Chips'가 보여서 몇 개 주문하고 스테

이크Steak도 주문했다. 성질 급한 한국 사람은 쓰러질 정도로 늦게 나왔다. 피시 앤 칩스가 무엇인지 궁금했는데, 감자 칩에 생선튀김을 올려놓은 요리였다.

첫 호주 음식이라 즐거운 마음으로 먹었다. 하지만 가격이 만만치 않아서 다음부터는 웬만하면 식당 음식을 안 먹게 되었다. 이제 숙소를 정하려고 가벼운 마음으로 둘러봤는데 숙소가 없었다. 인터넷 검색에 Denison Park라는 곳이 근처에 있어서 직접 찾아갔다.

가 보니 오후 8시 정도인데 불이 모두 꺼져 있었다. 아뿔싸! 호주의 하루는 이렇게 빨리 끝나나 보다. 관리실을 자세히 보니 사람 그림자가 보였다. 그래서 문을 두드리고 방이 있는지 물어보니 가격이 상당히 비쌌다. 하지만 여기 아니면 방도 없어서 그냥 머무르기로 하였다. 어렵게 해변 숙소를 구했다. 자동차에서 짐을 나르다 보니 하늘에 은하수가 보였다. 그런데 짐을 옮기면서 자동차 3열에 앉아 있던 경문이 좌석을 보고 깜짝 놀랐다. 3열의 1/3을 사용했고, 3열은 발판이 다른 곳보다 높았다. 이렇게 좁은 곳에서 힘들게 하루 동안 참으면서도 경문이는 나한테 한마디 불평도 없었다니. 그래서 마음이 아팠고, 경문이한테 미안한 마음이 들었다. 아빠가 자세히 살펴보지도 않고 좌석 배정을 했다.

숙소에는 식기류와 조리 기구들이 잘 갖춰져 있었다. 소순이가 만들어 주는 스테이크와 밥을 먹고, 바닷소리가 많이 들리는 숙소에서 이렇게 하루를 자게 되었다.

2017.07.12 (수)

동가라 🚗 헛 라군, 칼바리 해변 (Kalbarri Palm Resort)

아침 일찍 잠에서 깼다. 숙소 주변을 둘러보니 해변이 멋진 곳이었다.
숙소에는 캠핑카도 있고, 텐트를 친 사람도 있었다. 인도양의 바닷바람
을 쐬며 아침 산책을 했는데, 해변에 사람이 없어서 우리 식구들이 독차
지한 느낌이다.

참고로 어떤 여행자의 여정을 보니 첫날을 칼바리에서 잤는데, 우리는 동가라에서 잤으니 조금 늦은 느낌이라서 분발해야 한다고 생각했다. 그래서 아침 식사를 빨리 먹고 8시에 출발했다. 하지만 아침에도 스테이크와 밥은 해 먹었고, 아이들도 잘 먹었다.

동가라를 떠나기 전에 포트 데니슨Port Denison 쪽을 가 보니 방파제가 보였다. 우리나라에서 보던 콘크리트와 테트라포드의 방파제가 아니라 큰 바위들로 만들어진 방파제였다. 방파제 만든 기념 표지석도 보였다.

출발 전에 동가라에서 주유도 하고 식료품도 구매했다. 호주에서 처음 주유를 하여 조금 당황했다. 일단 내가 어떤 종류의 연료를 넣어야 하는지 궁금했다. 가솔린은 없고 Unleaded 91, Unleaded 95가 보였다. 우리 차는 엔진 소리가 조용하니 가솔린차라고 확신했다. 급하게 자동차 렌트 계약서를 보니 연료가 Unleaded였다. 숫자 91, 95 옥탄가로 보여서 저렴한 Unleaded 91로 선택했다. 주유 방법은 셀프 주유처럼 내가 주유를 한 다음 계산대로 가서 계산하는 시스템이다. 식료품 사러 이가마트에 가서 주차하려고 보니 굉장히 큰 무화과나무가 보였다.

우리나라 무화과나무와는 조금 다른 품종이며 씨앗이 많고 과즙이 적었다. 나무가 너무 멋져 보여서 사진도 찍었다.

　도로를 따라 북쪽으로 가다 보니 조금 큰 도시가 나왔다. 맥도날드
표지판을 보고 사 달라고 졸라서 제럴턴Geraldton으로 들어갔다. 중간에
길을 잘못 들어서 결국 맥도날드는 못 가고 그 대신 KFC를 찾아서 들
어갔다. 미국 프랜차이즈 식당들이 이곳까지 들어와 있다. 음식을 사면
서 보니 해변이 보여서, 포장해서 나와 해변으로 갔다. 이 해변은 타운
비치Town Beach라고 하며, 근처에 큰 놀이터가 있다. 제럴턴 방문자 센터
Geraldton Visitor Centre가 있는 곳이기도 하다. 큰 무화과나무 밑에서 닭을 먹
고 놀이터에서 아이들과 잠시 쉬었다. 테이블 사커라는 축구 놀이 테이
블이 보였다. 우리 아이들은 4명이라서 2명씩 편을 짜서 게임을 잘한
다. 남자 대 여자 게임에서 남자가 이겼다. 큰오빠는 대학생이라서 훨씬
유리한 모양이다. 해변과 잔디밭, 놀이 시설이 잘 갖춰져 있었다. 아이

들이 여유 있게 쉬는 것을 보니 마음이 편안해졌다.

서호주의 아웃백으로 들어가는 길 많은 곳이 거대한 농장의 연속이
다. 끝없이 넓은 평야와 철조망이 인간의 탐욕을 보여 주는 것 같았다.
많은 나무를 베어내고 초원을 만들어 가축을 기르고 식량을 재배했을
것이다. 호주에는 워킹홀리데이 비자가 있어서 젊은이들에게 돈을 벌면
서 호주 여행할 기회를 준다고 한다. 호주 입장에서는 싸게 일손을 구할
수 있는 장점이 있을 것이다. 그런데 이런 넓은 농장에서 일한다고 생각

하니 조금은 불쌍하게 보인다. 제럴턴에서 칼바리로 가는 길은 해안 길을 선택했다. 고속 도로에서 해안 길로 접어들어서 조금 가다 보니 뭔가 핑크빛 느낌이 들어서 자세히 보니 분홍색 호수가 보였다. 그레고리 하버에서 칼바리 입구에 들어섰을 즈음이다. 지도를 보니 이름이 헛 라군이었다. 자세히 보려고 하였지만, 접근이 쉽지 않았다. 풀이 무성한 곳을 지나가기가 쉽지 않았다. 호수 쪽으로 가다가 연못도 보고 사진도 찍었다. 중간에 BASF라는 회사 간판도 보였는데, BASF라는 회사는 독일계 회사로 소금도 만드는 모양이다.

이 길을 따라가다 보면 길 가장자리에 참외와 수박 비슷하게 생긴 과일이 바닥에 많이 있다. 풀밭으로 이루어진 곳에서는 자라기 힘든 덩굴 식물인 모양이다. 자동차에서 내려서 확인해 보니 참외와 비슷해 보였고, 부숴서 보니 조금 다른 형태였다. 특이한 오이 냄새가 났다. 야생에서 이런 식물과 과실들을 보니 신기했는데, 아이들은 크게 관심이 없었다. 주변에 보니 길이 1㎝ 이하의 흰색 고둥류 껍질이 많이 있었다. 아마 우기에 많이 번식했다가

건기라서 살기 어려워서 그럴 것이다.

내가 목표로 했던 칼바리 해안 절벽Coastal Cliffs이 곧 나왔다. 칼바리 해안 절벽은 칼바리의 남쪽 약 16㎞에 펼쳐져 있으며 칼바리 국립 공원의 일부다. 우리는 그랜드스탠드Grandstand, 내추럴 브리지Natural Bridge, 레드 블러프 룩아웃Red Bluff Lookout 등을 둘러봤다. 모든 절벽은 접근하기 좋게 되어 있고, 주차도 쉽고 산책하기에 적당했다. 이 해안 절벽은 높이 100m 이상의 절벽으로 바람이 시원했고, 멀리 인도양 수평선을 바라보니 가슴이 뻥 뚫리는 듯했다. 자동차를 주차하고 트레일trail이라고 표시된 산책길을 따라 걷게 되니, 한쪽은 인도양의 멋진 바다이고 한쪽은 자연 그

대로의 숲이 펼쳐져서 이곳에서 살고 싶은 마음이 절로 들었다.

처음에 그랜드스탠드에 갔는데 첫 광경이 인상적이었다. 그곳에서 돌고래가 헤엄치는 모습을 보고 온 가족이 즐거워했다. 인근에 있는 내추럴 브리지는 마침 카메라를 안 가져가서 사진을 못 찍은 것이 아쉬웠다. 하지만 작은 길을 지나다가 캥거루를 만나서 아이들이 좋아했다. 캥거루는 호기심이 많고 사람을 생각보다 무서워하지 않은 눈치였다.

칼바리에 거의 다 와서 레드 블러프에 가 보니 해안과 관련된 탐험 역사와 해안 절벽의 암석에 대한 이야기를 팻말에 적어 두었더라. 이

레드 블러프 지역은 다른 지역과 달리 산화된 사암층으로 되어 있어서 바다에서 보면 붉게 보여서 배를 운항할 때 랜드 마크 역할을 한다고 적혀 있었다. 한때 배가 이 지역에서 좌초된 이야기도 있어서 아이들에게 설명도 해 주었다. 나는 레드 블러프에서 바라본 야생 숲이 멋졌다. 끝없이 펼쳐진 때 묻지 않은 자연이 아름다웠다. 더 둘러보고 싶었지만, 식구들이 피곤해 보여서 숙소로 이동했다.

　숙소는 칼바리에 들어가서 급하게 정했다. Palm Resort라는 곳인데, 생각보다 쓸 만했다. 바비큐장이 있어서 장 봐 와서 잘 먹었다. 바비큐장 사용이 처음이라서 조금 어색했다. 먼저 와 있던 중국 사람들이 많이 도와주었다. 자기들은 상하이에서 온 가족이라고 소개했다. 어린아이가 있어서 한국 껌을 한 개 선물했다. 밤에 빨래를 하고 숙소 입구에

빨랫줄을 이용해서 널어놓았다. 방은 한 개만 잡아서 우리 부부는 바닥에 매트를 펴고 잤다.

　　USB에 노래를 저장해 왔더니 운전할 때 듣기 좋다. 그런데 내가 좋아하는 노래와 승이, 범석이, 집사람 좋아하는 노래 장르가 다르다. 첫날은 그래도 내가 좋아하는 노래 위주로 들었는데, 아이들이 불만이 많았다. 나는 민해경의 '누구의 노래일까?'를 좋아해서 계속 듣고 싶은데, 아이들은 펄쩍 뛴다. 결국 카나번의 숙소에서 노트북을 이용하여 저장된 노래를 재편집했다. 집사람은 자기 좋아하는 노래를 핸드폰에 저장해 와서 블루투스로 자동차에서 들었다.

　　아이들이 많아서 자동차 출발할 때마다 출석을 부른다. 1호기부터 4호기까지 부르는데, 내가 "3호기"라고 부르면 경문이가 대답하는 방식이다. 이 먼 서호주의 아웃백에서 식구 중 누구를 두고 떠나면 큰일이 난다. 그래서 항상 조심하고 자동차 출발 전에는 출석을 꼭 부르게 된다.

2017.07.13 (목)

칼바리  칼바리 머치슨 강 🚗 하멜린 풀 🚗 데넘

아침에 일찍 일어나서 바비큐를 해 먹으려고 전을 펼치니, 엊저녁에 만났던 중국 사람들은 벌써 출발하면서 인사를 했다. 숙소가 어젯밤에 생각했던 것보다 좋았다. 수영장도 있고, 쉴 수 있는 잔디밭도 있으면서 규모도 컸다.

아침 일찍 칼바리 숙소에서 나오자마자 해변에 사람들이 모여 있는 것이 보였다. 일단 주차를 하고 사람들이 모인 곳에 가보니 펠리컨Pelican 먹이를 주고 있었다. 펠리컨들이 여러 마리가 날아와 있었다. 가장 힘이 센 듯한 녀석이 가장 앞쪽에 있고 다른 녀석들은 뒤쪽에서 기다리고 있었다. 눈이 꼭 플라스틱으로 만든 것처럼 선명했다.

　　칼바리 국립 공원 안에서 유명한 네이처스
윈도Nature's Window와 지 밴드Z-Band는 공원이 7월
까지 공사 중이어서 들어갈 수 없었다. 유명한
곳들을 보지 못하는 것이 아쉬웠다.

　　조금 더 가다 보니 길옆의 호크스 헤드 룩아
웃Hawks Head Lookout과 로스 그레이엄 룩아웃Ross Graham Lookout이 보여서 들어
가 보았다. 두 군데 모두 머치슨강 중류 지방인데 강이 굽이쳐 흐르면
서 깎아낸 지형이었다. 강 중간에 검은색 백조인 흑조가 보여서 아이들
이 신기하게 보았다. 망원경을 가져간 것이 좋았다. 저 멀리 벌판과 조
용히 흐르는 강물에 더해 시원한 바람이 불어서 천국 같은 느낌을 주었
다. 오랫동안 앉아 있고 싶었는데, 아이들은 지루한 모양이었다.

　　이제 우리 목적지는 스트로마톨라이트Stromatolite가 있다는 하멜린 풀

이다. 1번 고속 도로를 따라 북쪽으로 가다 보니 빌라봉 로드하우스Billabong Roadhouse가 나왔으나 하멜린 풀에 빨리 가고 싶은 욕심에 지나쳤다. 그리고 고속 도로에서 나오는 길에 오버랜더 로드하우스Overlander Roadhouse도 지나쳤다. 세계적인 휴양지 샤크만에 주유소가 많으리라 생각했다.

하멜린 풀까지는 생각보다 시간이 꽤 걸렸다. 빨리 가고 싶은 내 조바심 때문일지도 모른다. 서호주는 위치를 알려 주는 팻말이 많지 않다. 우리나라는 웬만한 곳은 다 여러 번 큼지막한 글씨로 목적지까지 몇 킬로미터 남았는지 상세히 알려 준다. 하지만 여기 서호주는 조그마한 팻말에 달랑 목적지와 몇 킬로미터 남았는지 알려 주는 숫자만 적혀 있다. 조금만 무신경해도 지나치기 일쑤다.

하멜린 풀에 도착하니 카라반 파크와 캠프장은 있었지만, 장을 볼 만한 슈퍼는 없었다. 그래서 스트로마톨라이트를 구경한 다음 데넘Denham으로 가서 숙소를 잡기로 했다. 하멜린 풀 주차장에 주차하고 나오는데 바닥에 온통 조개껍데기 화석이었다.

해변까지는 5분 정도 걸어서 가는데 햇빛이 강렬하여 눈이 부시고 더웠다. 스트로마톨라이트를 관찰하는 것은 보드워크Boardwalk라는 나무판자길 위에서만 가능하다. 그리고 해변을 따라 걷는 1시간 거리의 산책길도 있는데, 옛날 조개 화석 벽돌을 만들었던 곳도 구경할 수 있다. 우리 관심은 스트로마톨라이트에 있었고 날이 더워 산책하지 못하였다. 우리가 갔을 때는 썰물이었고, 검은색의 스트로마톨라이트가 잘 보였다. 스트로마톨라이트를 잘 모르는 사람이 본다면 바위에 검은 이끼가 낀 모습이라고 생각할 것 같다.

스트로마톨라이트에 대한 이야기에 앞서 샤크만에 대한 이야기가 필요하다. 지도에서 보면 샤크만은 W 모양의 바다이다. 가운데 페

론Peron반도를 두고 양쪽에 바다가 있는 형상이다. 애버리지니 언어로 Gutharraguda라고 부르는데, 두 개의 물을 의미한다. 이 샤크만은 1991년에 세계 유산으로 지정되었다. 특히 여기는 세계 유산의 4가지 기준을 맞춘 세계에서 몇 안 되는 곳이다. 위쪽으로 도레Dorre 섬과 베르니어Bernier 섬이, 왼쪽으로 더크하토그Dirk Hartog 섬이 인도양과 경계를 만들고 있다. 샤크만은 내륙으로 깊이 들어온 지형으로, 만의 깊이는 평균 9m 정도로 얕다. 인도양에서 유입되는 바닷물은 이 섬들로 인해 좁은 해협으로 유입된다. 특히 오른쪽 만은 중간에 있는 얕은 모래 언덕으로 인해 좁은 수로를 통해 바닷물이 유입된다.

또한, 이 지역의 위도는 남위 25도 근처로 맑은 날이 많아, 샤크만의 얕은 바다는 파도가 거의 없이 잔잔하고 염도가 높다는 것이 특징이다. 이런 요건이 샤크만을 다른 지역에는 없는 특이한 생물 성장 환경으로 만들었다. 얕고 잔잔한 바다는 해조류가 성장하기 좋은 환경을 제공했다. 그리고 이 해조류를 먹고 사는 듀공이라는 바다 생명체가 많이 서식한다. 또한, 고염도의 바다는 스트로마톨라이트의 성장 환경이 된다. 이 외에도 많은 다양한 생명체의 서식 환경이 된다. 우리가 만나러 간 스트로마톨라이트도 이런 배경에서 만들어진 것이다. 샤크만은 해양만 세계 유산이 아니라 육지 부분도 포함되어 있는데, 섬들과 반도 부분을 모두 포함하고 있다. 다양한 육상 동물과 새들, 야생화들의 아름다운 모습도 잊을 수 없다.

샤크만의 두 바다를 가로지르는 페론 반도는 샤크만을 관광하기에 좋은 장소이다. 여기는 북회귀선 근처로 맑은 날씨가 많고, 얕고 잔잔한 바다와 다양한 생물 환경 덕분에 호주에서 유명한 관광지이다.

주요 관광지는

① 스팁 포인트Steep Point: 호주 대륙의 가장 서쪽으로 대서양 바다와 접한 곳이다. 멋진 해안 절벽을 보여 주는데, 사륜구동 자동차를 이용해야 한다.

② 더크하토그 섬Dirk Hartog Island: 허가를 받고 입장해야 하며 낚시를 하고 바다거북을 볼 수 있는 곳이라고 한다.

③ 낭가만Nanga Bay: 샤크만의 두 바다 중 왼쪽 만에 위치한 해변이다. 하멜린 풀에서 데넘으로 가다가 왼쪽으로 접근하면 된다. 잔잔한 바다에서 낚시와 해양 스포츠를 즐길 수 있다고 한다. 숙소와 카라반 파크가 제공된다.

④ 셸 비치Shell Beach: 낭가만 근처에 있으며 자동차로 쉽게 갈 수 있다. 조개껍데기로 된 길고 큰 멋진 해변이다.

⑤ 이글 블러프Eagle Bluff: 데넘과 낭가만 중간에 위치하며 전망 좋은 해변이다. 자동차로 쉽게 접근할 수 있다.

⑥ 리틀 라군Little Lagoon: 데넘 근처에 있으며 아름다운 라군을 구경하며 산책하거나 휴식을 취하기 좋은 곳이다. 자동차로 쉽게 갈 수 있다.

⑦ 멍키 미아Monkey Mia: 돌고래가 매일 와서 먹이를 주는 해변으로 데 넘에서 가깝다. 숙소와 카라반 파크가 있다.

⑧ 하멜린 풀Hamelin Pool: 스트로마톨라이트가 있는 해변으로 카라반 파크와 숙소가 있다.

⑨ 프랑수아 페론 국립 공원Francois Peron National Park: 페론반도Peron Peninsula 의 북쪽 끝 부분이며, 다양한 생물과 자연환경을 접할 수 있다. 사륜 구동으로만 접근할 수 있다.

⑩ 선더만Thunder Bay, 펄스 엔트런스False Entrance의 블로우홀Blowholes: 큰 파도가 밀려오면 절벽 해안의 구멍으로 고래의 숨구멍처럼 파도가 솟구치는 장관을 볼 수 있다.

호주 사람들에게는 샤크만이 아름답고 자연을 즐길 수 있는 휴양지로 생각될 것이다. 하지만 단기간 머물 수밖에 없는 우리 입장에서는 부럽고 아쉬운 곳이 샤크만이다. 내 관심이 스트로마톨라이트에만 있어서 샤크만 일정을 짧게 짠 것이 후회되었다.

하멜린 풀에 도착하면 먼저 아름다운 해변과 깨끗한 바다에 대한 감탄이 나온다. 사람 손이 닿지 않은 푸른 바다와 멀리 보이는 반도를 보고 있으면, 스트로마톨라이트 문제는 제쳐놓고 여기에 오랫동안 살고 싶다는 생각이 든다. 이런 환경이 자연 상태의 스트로마톨라이트를 보존할 수 있었던 배경이다.

초기 지구의 대기에는 이산화탄소는 있었지만, 산소는 없었다. 이런 환경에서는 산소 없이 살 수 있는 혐기성 세균만 살 수 있었을 것이다. 그러다가 햇빛과 물을 이용하여 광합성을 하여 에너지와 산소를 만드는 생명체가 생겨났다. 시아노박테리아라는 이 생명체는 얕고 잔잔한 바다에서 햇빛이 비치면 성장하였다가, 해가 지면 구부러지면서 물속에 있던 진흙을 품게 된다. 이런 상태로 계속 성장하여 띠 모양을 형성하게 되는데, 이 모양이 스트로마톨라이트 모양이다. 시아노박테리아는 약 35억 년 전부터 약 5억 년 전까지 30억 년 동안 산소를 만들었다. 그동안 바다에 용해되어 있던 철분을 산화시켜 침전을 일으키고, 또한 대기에도 산소를 공급하였다. 하지만 시간이 흐르면서 자신이 만든 산소를 사용하는 생명체들이 더 발달하게 되었다. 결국 초기 지구에 산소를 공급했던 이 생명체들은 생존 경쟁에서 밀려나게 되어, 현재 지구에서는 화석의 형태로만 볼 수 있게 되었다. 하지만 특수한 환경에서 이 시아노박테리아는 일부 생존을 하여 스트로마톨라이트 형태를 띠고 있는데, 그 대표적인 곳이 여기 샤크만의 하멜린 풀이다.

스트로마톨라이트는 시아노박테리아가 진흙을 머금은 층상 구조라서 매트mat 구조를 띤다. 그래서 누르면 약간 푹신하면서 끈적이는 느낌이 있고, 산소 방울이 나온다고 한다. 시간이 흘러가면 이 구조는 석회화되어 현재와 같은 띠 모양의 스트로마톨라이트 화석이 된다.

아이들에게는 스트로마톨라이트에 대한 거창한 이야기는 싫증 나게

들릴 수 있다. 바다가 도리어 멋지니, 시꺼먼 돌덩어리 이야기는 조금만
해야 한다. 하멜린 풀을 나와서 데넘으로 가려니 벌써 자동차 연료 부
족 알림 램프가 들어왔다. 급하게 주유할 곳을 찾아 들어간 곳이 Nanga
Bay Resort였다. 우리나라에서 리조트라고 하면 고급스럽고 아이들을
위한 수영장을 갖춘 비싼 놀이 숙박 시설을 생각한다. 하지만 여기는 시
골의 조용한 숙소 정도로 생각하면 된다. 주유가 가능하다고 해서 가 보
니, 뚱뚱한 할머니가 열쇠를 가지고 나와서 주유기를 열어서 주유해 준
다. 그러고는 어디로 가느냐고 물어보더니 이글 블리프가 좋다고 꼭 가
보라고 당부했다. 페론 반도로 들어오니 에뮤Emu가 보였다. 길에서도 보
고 로드킬 당한 에뮤도 보았다.

데넘에 도착하니 5시가 다 되었고, 인터넷이 안 되니 숙소 잡기가

힘들었다. 이 동네 전체가 인터넷이 안 된다. 그래서 숙소에 가서 직접 알아보아야 했다. 나이트 테라스Knight Terrace라고 부르는 해변 도로를 중심으로 살펴보았다. 숙소 가격은 상당히 비쌌다.

Heritage Resort라는 여관방 같은 일반 숙소라도 알아보았는데, 취사가 안 되면서 식구가 많다고 굉장히 비싼 값을 요구했다. 길 끝에 있는 Denham Sseaside Tourist Village는 텐트나 카라반 사이트도 있었는데, 텐트 치는 것을 식구들이 반대했다. 이리저리 다니다가 마침 근처에 조금 낡아 보였지만 Shark Bay Holiday Cottage라는 곳이 있어 방을 정했다. 숙박비는 147AUD였는데, 먼지가 많고 낡았지만, 침대가 많아서 편히 잘 수 있고, 숙소 내에서 조리도 가능하여 좋았다. 나이트 테라스 도로 반대편 끝에 있는 Denham IGA X-Press에서 주유도 하고 장을 봐 왔다. 저녁에 고기도 구워 먹고 편하게 쉬었다. 데넘 길거리에 에뮤가 돌아다닌다. 밤에 빨래하는데 해변이라서인지 바람이 꽤 불었고, 은하수와 별이 많이 보였다.

2017.07.14 (금)

데넘 🚗 멍키 미아, 리틀 라군, 이글 블러프, 쉘 비치 🚗 카나본

아침 일찍 멍키 미아로 갔다. 생각보다 가까웠다. 멍키 미아는 마을이라
고 생각하고 갔는데, 조금 큰 리조트 같은 곳이었다. 사람 사는 마을이
아니라 관광지였다. 입장료는 식구가 많아서인지 45AUD였다. 돌고래
가 와서 먹이를 줄 수도 있고, 펠리컨이나 에뮤를 쉽게 만날 수 있는 곳
이다. 해변에 펠리컨이 있어서 옆에서 사진을 찍었는데, 눈이 독특했다.
노란색 바탕에 검은색 눈동자가 마치 그림을 그려 놓은 것 같았다. 제티
Jetty라고 하여 선착장이 있었다. 이 제티에 멋진 배가 와서 정박하고 있
는데, 관광객을 태우는 크루즈 선박이었다. 크루즈 프로그램이 몇 가지
있는데, 식구가 많다 보니 비용이 엄두가 나지 않았다. 제티에서 바닷

바람을 쐬면서 바다와 돌고래 먹이 주는 것을 볼 수 있었다. 돌고래마다 이름이 있고, 사육사는 어느 돌고래인지 파악을 하고 있었다. 지느러미 모양이 돌고래마다 달라서 구별할 수 있다고 한다. 아침이라서 추웠다. 간단한 카페가 있고 그 카페에 앉아서 바다를 바라보면 마음이 느긋해질 것 같았다. 아침 식사를 위해 카페는 그냥 지나치고 기념품으로 모자를 샀다.

　호주는 체크아웃 시간이 아침 10시라서, 아침이 되면 바쁘다. 멍키미아를 얼른 나와서 데넘으로 돌아오다 보니 리틀 라군이 보였다. 동그란 모양의 예쁜 라군으로 한 바퀴 돌면서 천천히 산책하고 싶은 마음이 굴뚝같았다. 소순이는 한 바퀴 돌아보자고 하며, 라군 주위를 걸어갔다. 겉으로 보면 작고 예쁘지만 직접 걸어서 돌면 오전 내내 걸어야 할 것 같아서 간신히 말렸다. 라군 주차장 근처에 바비큐 시설이 있었지만, 여기에서 바비큐 해 먹는 것은 조금 이상해 보여서 그냥 숙소로 돌아왔다.

　숙소에서 아침 식사로 바비큐를 준비했다. 숙소에 따로 바비큐장이

있어서 기름으로 장비를 열심히 닦았는데, 사용한 지 오래되어서인지 먼지가 여전히 많아서 결국 숙소 내부에서 고기를 구워 먹었다. 숙소 입구의 바다가 보이는 곳에 긴 의자가 있었다. 그 의자를 자세히 보니 여기에서 살다가 세상을 떠난 누군가를 기린다는 내용이 담겨 있었다. 먼저 살다 간 조상을 생각하는 마음을 이렇게 표현한 모양이다. 그리고 그분을 생각하며 이 의자에서 바다를 바라본다는 생각이 멋지다.

하룻밤 더 묵을까 생각해 보다가, 앞으로 가야 할 길이 멀어서 10시에 짐 싸서 나왔다. 숙소 앞 바닷가에서 산책을 조금 했다. 근처를 지나가는 호주 할아버지가 우리에게 멋진 바다와 좋은 공기를 즐기라며 덕담을 했다.

이제 오늘 가야 할 카나번 숙소 예약을 해야 한다. 그래서 인터넷이 되는 곳을 찾아다녔다. 물어물어 이가 슈퍼 근처에서 간신히 찾아서 숙소 예약을 했는데, 카나번에는 우리 식구처럼 많은 사람이 자면서 요리를 할 수 있는 숙소가 없었다. 그래서 일단 2인용 숙소를 예약하고 나머지는 카나번 가서 어떻게 해결해 볼 생각이었다.

데넘에서 나와서 30분 정도 달리니 어제 할머니가 이야기한 이글 블러프 팻말이 보였다. 가 보니 전망이 멋졌다. 바다가 잔잔하고 해조류 숲이 보였다. 맞은편에 이글 블러프도 보이고 그 섬까지 애버리지니 Aborigine들이 걸어가서 새알을 가져왔다고 한다. 서쪽은 잔잔하며 시원한

쪽빛 바다가 펼쳐지고, 동쪽은 넓고 사람 때가 묻지 않은 벌판이 펼쳐졌다.

여기 페론 반도는 해수면이 높았을 때 바다가 되었다가, 현재 육지가 되었을 정도로 낮고 편평한 지형이 많다. 그래서 작고 얕은 호수가 많이 발달하였다. 원래 모래 언덕 사이의 움푹 파인 지형들이 과거 해수면이 현재보다 2~3m 정도 높았을 때 바닷물이 유입되어 짠 염호를 만들고, 이후 현재처럼 해수면이 다시 낮아지자 둥근 호수와 바다와 연결되는 작은 수로가 만들어졌다. 이것들을 여기서는 'Birrida'라고 부른다. 아침에 보았던 리틀 라군도 그중의 하나이다. 운전하다 보면 종종 이런 이름 없는 라군을 볼 수 있다. 내가 보기에 서호주는 라군의 고장이 아닌가 싶다. 특히 페론 반도에 이런 라군이 많다.

이글 블러프 룩아웃에서 30분 정도 더 가면 왼편으로 흰색의 멋진 해변이 보이는데, 그러면 곧 셸 비치가 나온다. 아직 이런 해변이 남아있고, 내가 직접 가 볼 수 있다는 것은 행운이다. 해변에 나가자마자 눈이 부셨다. 독특한 해변과 얕은 바다가 신기해서 경문이는 해안에서 먼 바다까지 뛰어갔다. 거의 100m 이상을 갔는데, 물이 무릎까지밖에 안 왔다. 신기하고 아름다운 해변에서 한참 동안 앉아 있었다. 나중에는 햇빛이 따가워서 일어났다.

이 해변을 보니 생명체의 흔적이 이렇게 어마어마하다는 것에 놀라울 뿐이다. 약 1cm 정도의 흰색 조개껍데기가 대부분이다. 이렇게 많은 생명체가 살았다는 것도 대단하고 그 생명체의 흔적이 이렇게 모여 있다는 것도 대단하다. 고농도 염분의 바다가 만든 환경에 놀랄 뿐이다. 고농도 염분 환경이라서 다른 생명체는 살기 어려웠고, 번성한 패류 Cardiid Cockle이 이 얕은 바다에서 많이 살았다. Cardiid Cockle이 죽게 되면 조개껍데기가 조수, 파도, 바람 때문에 해변으로 모이게 된다. 이렇게 4,000년간 모인 조개껍데기가 깊이 5m, 길이 110㎞만큼 쌓여 있는 것이다. 지금도 바다에 사는 Cardiid Cockle이 죽게 되면 그 껍질은 이렇게 해변으로 모여서 계속 쌓일 것이다. 해변에서 가까운 곳은 새로 쌓인 것이고, 해변에서 멀수록 오래된 것이다. 해변에서 멀수록 오래되기도 했지만, 딱딱하게 시멘트화된 정도도 심하다.

데넘에는 에뮤 조심 표지판이 많다. 길가에 돌아다니는 에뮤들도 보이고, 안타깝게 사고가 난 에뮤들도 많이 보였다. 여러 마리가 같이 다니는 경우는 아빠 에뮤가 새끼 에뮤들을 데리고 다니는 것이다. 암컷 에뮤는 수컷을 차지하기 위해서 암컷끼리 싸운다. 이렇게 수컷을 차지하여 알을 낳게 되면, 떠나가 버린다. 그러면 남은 수컷 에뮤가 알을 품는다. 그리고 에뮤 새끼가 알에서 깨어나면 6개월 동안 키우는 것도 수컷 에뮤이다. 에뮤 새끼를 혹시 보게 되어 귀엽다고 만지면, 무서운 아빠 에뮤의 공격을 받을 수도 있다.

마음 같아서는 데넘에서 톰 프라이스Tom Price로 곧장 가고 싶지만, 오후에 도착하기에는 거리가 너무 멀어서 카나번에서 자기로 했었다. 오전에 샤크만에 오래 있었기 때문이다. 그래도 샤크만 이렇게 빨리 떠난다는 것은 아쉬웠다. 카나번에 도착하니 해가 졌다. 슈퍼들이 일찍 문을 닫기 때문에 울워스에서 먼저 장을 보았다. 식구들과 고기 구워 먹으려고 쇠고기도 충분히 샀다.

텐트에서 잘 경우 뱀이나 야생 동물 침입 대비와 땅을 고르기 위해 괭이를 사려고 했는데, 파는 곳 찾기가 힘들었다. 날이 어두운 상태여서 Capricorn Holiday Park라는 숙소와 입구를 찾기도 힘들었다. 간신히 찾아서 들어갔더니 이미 영업시간이 끝났고, 직원 한 명이 우리 차에 와서 인원 체크를 했다. 2명 예약한 것에 관해 설명했으나 믿으려 하지 않았다. 그래서 할 수 없이 소순이와 경문이만 두고 나머지 식구들은 데리고 다른 숙소를 알아보러 나갔다. 다행히 Carnarvon Motel이란 곳에 방이 있어서 4명이 묶을 수 있었다. 숙소에서 음식을 만들 수 없어서 처음에 꺼렸던 곳인데, 인터넷에 한국인들이 추천을 많이 한 곳이었다. 친절하고 아침 식사도 준비해 주었다.

다만 아내와 경문이는 다른 숙소에서 따로 방을 사용하여 마음이 불편했다. 그나마 다행인 것은 여기 카나번은 전화 연락이 되었다. 소순이가 그곳은 음식을 만들 수 있으니 요리를 하겠다고 하였다. 그래서 요리 도구와 요리 재료를 주었더니, 김치도 담그고 김밥도 만들어 두었더라. 나머지 식구들은 숙소에서 그동안의 사진과 자료를 정리했다. 나중에 알고 보니 내가 나간 후 숙소에 다른 식구가 들어왔는지 체크하기 위해 밤에 직원이 왔다 갔다고 한다. 기분이 상했다. 하지만 좋은 여행을 망치지 않기 위해 아내를 다독였다.

카나번에 바나나 농장이 많은 모양이다. 고속 도로 옆에서도 보았고, 팸플릿에서도 보여서 바나나를 슈퍼에서 사서 먹어 보았다. 미국에서 달에 우주인을 보내면서 송수신을 할 때 미국에서 달이 안 보이는 경우가 발생하면, 그 반대편에 있는 곳에서 신호를 송수신하는데 그곳으로 여기 카나번이 선정되었다. 현재는 사용하지 않지만, 미국 우주 개발 시기 선도 기지 역할을 했던 곳이라는 자부심이 대단하였다.

2017.07.15 (토)

카나본 ·🚗· 톰 프라이스

걱정되어서 아침 일찍 식구들을 데리러 갔다. 짐 챙겨서 우리 숙소로 데려와서 아침 식사를 했다. 아침 8시에 출발해서 하루 내내 달렸다. 하루에 660㎞를 달려야 한다.

　한국과 달리 낮에만 운전해야 하므로 시간이 빠듯하다. 1번 고속 도로를 따라 무작정 달렸다. 중간에 날씨는 맑고 건조하여 도로에서 신기루가 보이기도 하였다. 준비한 음악을 들으면서, 가족과 이야기를 하면서, 소순이가 준비한 김밥을 먹으면서 운전을 했다. 나누타라 로드하우스Nanutarra Roadhouse에서 점심밥을 먹었다. 소순이가 밤에 준비한 식사를 그늘 밑에서 먹었다.

1번 고속 도로에서 136번 나누타라 로드Nanutarra Road로 접어드니 도로 폭이 좁아졌다. 길어깨도 없어져서 속도를 낮추었다. 이 도로를 운전하니 경찰차가 많이 보였다. 나중에 알고 보니 경찰차가 아니라 광산에서 사용하는 차였다. 그리고 맞은편 운전자가 손짓으로 인사를 계속해서 고맙게 느껴졌다. 나누타라 로드를 계속 운전하다 보니, 한국의 시골길을 운전하는 느낌이었다. 조금 가다 보면 시골 학교가 나올 것처럼. 도로를 운전하는 것만으로도 이미 아웃백의 레드 센터Red Center에 도착한 것 같았고, 붉은색 철광석으로 덮인 산과 땅을 보고 있는 것 같았다.

아이들은 텐트 생활에 대해 기대가 컸다. 오늘이 처음 텐트를 치는 날이라고 하니 기대를 하는 눈치였다. 톰 프라이스에 거의 다 와서 마지막 구간은 파라버두Paraburdoo로 둘러가는 포장도로로 갈지 아니면 짧은 비포장도로로 갈지 갈등이었는데, 비포장길이 136번 도로의 연장이라서 그대로 달렸다. 비포장도로라도 도로가 넓고 바닥이 매끈하였다. 단지 먼지만 많이 일어났다. 그래서 속도는 거의 100㎞/h로 달렸다. 해가 서쪽으로 뉘엿뉘엿 질 무렵 톰 프라이스에 도착했고, 숙소는 Tom Price Tourist Park라고 하는 곳으로 정했다. 텐트 사이트를 빌리는 데 66AUD를 지불했다. 다행히 아직 어둡지는 않아서 재빨리 텐트를 쳤다. 그리고 바비큐장으로 가서 음식을 만들었다. 호주산 등심Scotch Fillet으로 저녁 식사를 하였다. 호주 사람들이 보고도 놀랄 만큼 멋지고 맛난 식사를 매번 먹는 것은 모두 아내의 노력 때문이다.

　여기 숙소에는 카커투_{Cockatoo}라는 호주 앵무새가 많아서 시끄러웠다. 아이 울음소리 같은 소리를 냈다. 저녁에 빨래를 하였다. 6~7인용 텐트인데 6명이 모두 자기에는 비좁았다. 그래서 아내와 승이는 자동차에 재우고 나머지 식구는 텐트에서 잤다. 나는 한국에서 준비해 간 침낭에 들어가서 누우니 갑갑한데, 아이들은 좋아한다. 주변에 텐트 친 사람도 많고 캠핑카도 많아서 무섭지는 않았다. 바닥도 잔디라서 딱딱하거나 울퉁불퉁하지도 않았다.

2017.07.16 (일)

톰 프라이스 🚗 카리지니 국립공원 캠프장

간밤에 소순이와 승이가 추워서 갑자기 차 문을 열
고 나왔다. 그것 때문에 자동차에서 비상벨이
울렸다. 자다가 무슨 일이 났는지 걱정되어서
뛰쳐나갔다. 자동차 안이 춥다고 숙소를 바꿔달
라고 해서 자리를 바꾸었다. 아침에는 카커투 소리
때문에 시끄러워서 잠에서 깼다. 그래도 첫 텐트 생활이었는데 잘 잤다.

　아침 식사를 어젯밤처럼 거창하게 해 먹었다. 호주 사람들이 스테이
크 먹는 것과 우리 식구들이 먹는 방식은 조금 다르다. 고기를 구운 다
음 마지막에 잘게 썰어서 집에서 특별히 준비한 참기름에 후추와 소금
을 섞어서 먹는다. 그러니 참기름 냄새가 진동하게 된다. 아침에 바비
큐장에서 참기름 냄새를 풍기면 호주 사람들이 냄새가 좋다는 이야기를
한다. 여기 호주 사람들의 아침 식사는 대부분 우유나 커피에 간단한
음식을 곁들이는 정도이다. 이에 반해 우리 가족들은 아침 식사를 꼭
먹는 습관이 되어 있어서, 거의 매일 아침 고기를 구워서 먹었다.

　느긋하게 준비해서 숙소를 나왔다. 톰 프라이스 시내 콜스Coles에서
주유하고 장을 봤다. 마침 철광산 투어 버스가 보였다. 이 버스를 타려
면 톰 프라이스 관광 안내소에서 예약해야 한다. 관광 안내소에서 10시

에 투어 버스가 출발하므로 9시 30분까지 도착해야 한다. 우리도 가고 싶긴 했는데 오늘 투어는 벌써 마감이 되어서 못 갔다. 광산 지역Mine Site 이 있지만, 개인적으로는 접근할 수가 없다. 아쉽지만 카리지니로 곧장 향했다. 다행히 광산 투어는 나중에 뉴먼에서 할 수 있었다. 톰 프라이스 입구에 철광석을 실어 나르는 Mark 36 Lectra Haul 트럭이 있어서 구경하며 사진도 찍었다. 식구들이 대단히 큰 규모의 트럭을 신기하게 쳐다보았다.

이제 카리지니 구경이라는 생각으로 톰 프라이스 파라버두 로드로 차를 몰고 가다 보니 차 한 대가 도롯가에 뒤집혀 있었다. 방금 뒤집힌

것 같았다. 조심해야겠다는 생각으로 천천히 차를 몰았다. 조금 가다가 카리지니 드라이브Karijini Drive로 들어섰는데, 속도를 내기에는 길이 좋지 않았다. 길가에 R. I. P 룩아웃이 보여서 들어갔는데, 먼저 세상을 뜬 사람들을 기리는 곳이었다.

카리지니에 앞서 근처의 브루스산Mt. Bruce을 찾아갔다. 구글맵에서 내비게이션을 찍어서 갔는데 엉뚱한 곳으로 안내해서 조금 당황했다. 하지만 다시 지도를 잘 보고 찾을 수 있었다. 포장도로에서 벗어나서 비포장도로로 조금 들어가면 브루스산 입구에 갈 수 있다.

브루스산은 큰 나무가 거의 없고, 아이들 키만 한 나무들이 검은 재와 뒤섞여 황량했다. 아이들이 힘들어해서 등산하는 것은 처음부터 무리였지만, 등산을 한다 해도 나무가 너무 없어서 뙤약볕에 힘들 것이 불을 보듯 뻔해 보였다. 등산로 입구에는 브루스산을 덮친 화재에 대한 내용이 있었다. 카리지니 국립 공원에서 2014년 11월과 12월에 번개에 의한 화재가 발생하여 브루스산과 조프리 협곡Joffre Gorge의 38,000ha가 불에 탔다. 그래서 휴게소, 표지판, 담장 등 시설이 전부 파괴되었다. 이러한 자연적인 화재가 발생하더라도 몇 천 년 동안 호주의 식물과 동물들은 적응해 왔고, 지금은 자연이 스스로 회복 중이라고 한다. 브루스산의 식물 대부분이 소실되고 관목과 일부 식물만 남아 있기 때문에 길이 아닌 곳으로 들어가기 쉽지만 그렇게 하는 것은 굉장히 위험하다. 그

래서 정해진 딱딱한 길로만 다녀서 자연도 보호하고 안전하게 여행해야 한다.

브루스산은 정상까지는 왕복 6시간 코스이지만 간단히 전망대 정도만 둘러볼 수도 있다. 햇빛도 따갑고, 힘들어서 전망대까지만 올라갔다. 주변에는 스피니펙스 잔디가 온통 깔려 있어서 조심해야 한다. 찔리면 하루 정도 따갑다. 전망대에서는 톰 프라이스의 마란두 광산에서 출발하는 기차와 광산의 모습을 멀리서 구경할 수 있다. 마침 열차가 출발하고 있었는데 열차의 화물차가 족히 100개는 넘게 달려 있었다. 이 열차를 Iron Ore Train이라고 하는데, 길이 2.5km의 열차에 3개의 기관차를 달고 35,000t의 철광석을 싣고 최대 시속 80km로 달린다. 광산은 낮이지만 불을 켜고 열심히 일하는 모습이 보였다.

카리지니 국립 공원 입구에는 무인으로 등록하는 곳이 있다. 그곳 봉투에 국립 공원 입장료를 넣어서 봉한 후 통에 넣어 두고 차량 번호를 적은 표를 대시보드 앞에 둔다.

카리지니 국립 공원을 여행하려면 먼저 카리지니에 대해 파악하고 접근하는 것이 좋다. 국립 공원 지역은 해머즐리Hamersley 산맥 일부이다. 그 산맥에 강물이 흐르면서 풍화 작용으로 갈라진 틈이 발생하였다. 그 결과 그 갈라진 틈에 아름다운 지층과 폭포, 물웅덩이가 형성되었다. 그래서 주요 볼거리는 물이 흐르면서 만든 산맥의 갈라진 틈이 된다. 이 갈라진 틈을 호주에서는 gorge(협곡)라고 부른다. 산맥에 협곡을 만든 강줄기는 크게 세 갈래가 있다. 가운데 협곡 볼거리는 칼라미나 폭포Kalamina Falls 정도가 있고, 왼쪽(서쪽)과 오른쪽(동쪽) 협곡이 주요 관광 포인트이다. 서쪽에 있는 협곡은 네 개의 유명한 협곡이 모여서 만들어진 것인데 핸콕 협곡Hancock Gorge, 조프리 협곡Joffre Gorge, 웨노 협곡Weano Gorge, 녹스 협곡Knox Gorge이 그것이다. 이 협곡을 따라 걷는 산책길, 협곡을 내려다볼 수 있는 룩아웃Lookout, 협곡 안에 남아 있는 물웅덩이인 풀pool들

이 주요 볼거리다. 물론 간혹 폭포도 있다. 동쪽에 있는 협곡은 데일스 협곡Dales Gorge이고, 서큘러 풀Circular Pool, 포트스큐 폭포Fortescue Fall, 펀 풀Fern Pool 등이 볼거리다. 그 외 카리지니 중심에서 조금 떨어진 해머즐리 협곡Hamersley Gorge도 있다.

볼거리마다 접근로의 상태에 따라 등급Trail Classifications을 매겨 놓아 설명해 두었고, 그 길마다 마크해 놓았다. Class 1부터 Class 5까지 있으니 자기 능력에 따라 코스를 선택하면 된다. 또한, 각 협곡의 특징을 파악하고 접근하면 좋다. 그리고 각 협곡에 속한 폭포나 웅덩이, 전망대(룩아웃), 트레일 등을 미리 알고 계획을 세우는 것이 좋다.

공원으로 들어가니 Karijini Eco-Retreat이 먼저 보였다. 그런데 텐트 자리가 없어서 마음이 좀 급해졌다. 오늘 Karijini Eco-Retreat에 숙박을 못 하면 오후 3시에 반대편 데일스 협곡 쪽으로 이동해야 하기 때문이다. 급하게 주요 볼거리가 있는 곳으로 이동하였다. 볼거리가 많아서 어디를 먼저 가야 할지도 모르고, 비포장도로인데 도로 상태도 잘 몰랐다. 그러다가 지도 보는 문제로 소순이하고 싸움이 있었다. 마침내 웨노 로드Weano Road를 따라 정션 풀 룩아웃Junction Pool Lookout을 먼저 가게 되었는데, 그 모습이 무서울 정도로 장관이었다. 여러 협곡이 만나는 지점의 낭떠러지가 펼쳐진 곳이다. 이곳이 카리지니에서 제일 기억에 남는 곳이다. 바로 옆에 옥서 룩아웃Oxer Lookout이 있다. 역시 무서워서 가까이 가기 힘들 정도의 낭떠러지다.

부시워크Bushwalk라는 것이 있는데, 호주 사람들이 사용하는 말이다. 가벼운 산책처럼 숲 속을 걷는 것을 말한다. 웨노 협곡 주변을 따라서 부시워크 하기 좋은 산책로를 만들어 놓았다. 또한, 사람들이 부시워크 할 때 유칼립투스 시트리오도라Eucalyptus Citriodora라는 유칼립투스 잎을 손으로 찢어서 비비면 달콤한 레몬 향이 난다. 이렇게 길을 따라 조금 걸은 다음 웨노 협곡으로 내려갔다. 위는 더웠지만, 아래는 서늘하고 물이 흘렀다. 햇빛이 강해서 눈이 부시고 카메라 초점을 맞추기 어려웠다. 물

은 아주 차가웠고, 지층을 관찰하기 좋은 곳이었다. 물길을 따라 더 들어가는 사람도 있었는데, 일부분은 물이 깊어 보였다. 아래에 내려가니 물이 많아서인지 나무들이 많이 자라고 있었고, 제법 큰 무화과 나무가 많았다. 아이들도 있어서 오늘은 이 정도만 보고 계곡 위로 다시 올라왔다. 이후 시간이 촉박하여 룩아웃 위주로 구경하려고 녹스 룩아웃과 조프리 룩아웃으로 갔다. 그중 조프리 룩아웃에서 보이는 조프리 폭포는 계단 모양으로 물이 떨어지는 게 무척 멋졌다.

시간이 얼마 없어서 칼라미나 폭포는 지나쳤다. 비포장도로인 반지마 드라이브 노스Banjima Dr. North를 따라 데일스 캠프장Dales Camp Ground으로 갔다. 거리는 약 20㎞인데 비포장도로 중에서도 도로 상태가 안 좋은 편이었다. 물결 모양으로 흙이 쌓여서 계속 자동차가 흔들렸다.

카리지니 국립 공원 내에는 숙박 가능한 곳이 두 곳 있는데 데일스 캠프장은 예약이 필요 없지만, 카리지니 에코 리트릿Karijini Eco Retreat은 예약해야만 한다. 우리는 당일 오후에 도착하는 바람에 카리지니 에코 리트릿에는 자리가 없어서 어쩔 수 없이 데일스 캠프장을 이용하여야 했다. 데일스 캠프장은 물이 전혀 나오지 않아서 불편하였다. 카리지니 일정을 미리 정할 수 있는 여행자라면 카리지니 에코 리트릿을 예약하고 가면 좋을 듯하다. 만약 카리지니 에코 리트릿에서 숙박한다면 앞서 언급한 근처의 협곡들을 여유 있게 둘러볼 수 있다.

여기 데일스 캠프장은 흙바닥이라서 조금 부담스러웠지만, 그래도 야외 식탁이 있어서 편했다. 밤에 별구경을 했다. 가린이가 마젤란은하를 보고 싶어 했다.

　어젯밤 톰 프라이스 투어리스트 파크_{Tom Price Tourist Park}에서의 아침은 몹시 추웠다. 그리고 텐트 안에 이슬이 맺히기 때문에, 텐트 가장자리에서 자면 아침에 온통 이슬을 맞는다. 소순이와 승이는 차 안에서 잤다.

　춥고, 붉은 먼지투성이인 카리지니에 왜 식구들을 데리고 왔을까? 자연과 인간에 대해 우리 식구들이 같이 생각해 보기 위해서이다. 전 세계 철광석의 40%를 생산하고, 철광석을 노천에서 채굴할 정도로 많은 지역이 여기 서호주 해머즐리 산맥이다. 45억 년 전 태양계가 만들어질 때, 원시 지구의 고체 성분 중에서 밀도가 높은 철 성분은 내부로 들어가 핵이 되었다. 그리고 상대적으로 밀도가 낮은 규소 성분은 핵 바깥에서 맨틀이 되었다. 더 바깥에는 액체 성분인 물이 바다를 이루고 있었을 것이다. 그런데 이 바다에는 육지에서 공급되는 철 이온이 녹아 있었다. 그리고 초기 지구는 아직 뜨거운 상태라서 화산 활동으로 많은 철 성분을 바다에 공급했을 것이다. 이렇게 10억 년쯤 흐른 다음 산소를 만드는 생명체인 스트로마톨라이트가 발생하였고, 그 스트로마톨라이트는 햇빛이 잘 비치는 얕고 따뜻한 바다에서 광합성을 하여 산소를 만들었다. 그렇게 만든 산소는 수십억 년 동안 바다에 녹아 있던 철 성분을 산화시켜서, 철 성분을 침전시키게 된다. 산화되지 않은 철 이온은 물에 잘 녹지만, 산화된 철 이온은 물에 녹지 않기 때문이다. 이렇게 스트로마톨라이트가 광합성을 통해 산소를 만드는 과정의 현대판은 샤크만의 하멜린 풀에서 보았다. 그리고 침전된 철 성분이 겹겹이 쌓여 만들어진 철이 다수 포함된 지층은 여기 카리지니에서 볼 수 있다. 우리가 살고 있는 지구의 모습을 조금이나마 더 알 수 있게 된 것이다.

인간의 생명 활동에 필수인 산소를 만든 초기 생명체에 관해 이야기하면서, 우리 몸 세포 각각에 산소를 공급해 주는 적혈구 이야기를 하지 않을 수가 없다. 적혈구는 우리 혈액 1㎖에 약 50억 개 정도 있다. 그리고 한 개의 적혈구에 약 2~3억 개의 헤모글로빈이라는 혈색소가 있고, 이 헤모글로빈 안에 철 원자가 있어서 산소와 결합한다. 우리 몸 세포 각각에 산소를 공급하는 데 결정적인 역할을 하는 것은 철이라는 것이다. 초기 지구 바다에 철 이온이 많이 있었고, 그중 일부가 세포 내로 들어와서 헤모글로빈을 형성하였을 것이다. 이후 진화를 하여 그 세포는 적혈구로 진화되었고, 우리 몸은 이런 적혈구를 몸속에 두어 세포 곳곳에 산소를 운반할 수 있게 되었다.

이것과 비슷한 내용이 또 있는데, 우리 몸 체액은 염도가 0.9%이다. 바다의 염도는 약 3.5%이다. 바다의 염류는 육지에서 계속 공급되므로 시간이 흐를수록 계속 높아지게 된다. 원시 바다의 염도는 아마 우리 체액의 염도와 비슷하지 않았을까?

특히 우리 체액 중 세포외액의 조성과 바닷물의 조성은 비율이 서로 비슷하다. 이런 내용을 토대로 보면, 우리 몸은 과거 원시 바다에서 그 환경의 물질들을 이용하며 단순한 형태의 생명체로 살다가 점차 진화해 온 것이 아닐까?

　나는 '우리가 어디에서 왔고 어디로 갈 것인가?'라는 물음을 가지고 살고 있고, 우리 가족과 이런 이야기를 자주 한다.

2017.07.17 (월)

카리지니  포트헤들랜드

카리지니는 톰 프라이스보다 더 추웠다. 톰 프라이스는 그래도 잔디밭
에서 잤는데, 어젯밤에는 흙바닥에서 잤기 때문이다. 승이가 텐트로 가
서 자자고 새벽 4시에 엄마를 깨웠다. 아침 6시에 자동차 온도계로 보
니 5도였다. 여기 데일스 캠프장에는 물이 없었기 때문에 어젯밤에 설
거지를 못 했다. 아침에 설거지부터 하려고 설거지할 만한 곳을 차를 몰
고 찾아다녔으나 찾지 못했다. 차로 꽤 가야 하는 곳에 싱크대가 있는
듯해서, 그냥 설거지는 포기하기로 했다. 결국, 설거지 없이 미역국과
밥을 준비해 먹었다.

　　카리지니 데일스 캠프장은 7월에 텐트를 치고 자기에는 몹시 춥다. 낮에는 30도로 올라가지만, 아침 6시에 5도였으니 새벽에는 5도 아래로 떨어질 것이다. 지층이 철 성분이 많아서 차가운 철판 위에서 잠을 잔다고 생각하면 될 듯하다. 데일스 캠프장에서는 밤에 별을 관찰하는 것이 좋다. 7월이라면 새벽 3시나 4시쯤 대마젤란은하와 소마젤란은하, 그리고 안드로메다은하를 관찰하면 뜻깊을 듯하다. 딩고Dingo 주의 경고판이 있어서 약간 걱정했지만, 딩고는 구경하지 못했다. 딩고는 개처럼 짓는 것이 아니라 늑대처럼 운다고 하는데 딩고 소리도 못 들었다.

　　카리지니에는 특유의 흙냄새가 있다. 약간 코코넛 냄새와 쇠 냄새 같은데, 톰 프라이스에서부터 나기 시작해서 카리지니를 벗어날 때까지 마음껏 맡을 수 있었다. 그리고 카리지니 데일스 캠프장 주변에서는 한 번씩 대변 냄새가 났는데, 이름은 모르지만, 꽃냄새인 것 같다. 밤에만 주로 나는 듯해서 아마 밤에 피는 꽃이라 생각한다.

　　오전에 서큘러 풀 룩아웃을 먼저 가 봤다. 위에서 내려다보니 아름다운 물웅덩이와 깎아지른 절벽이 웅장했다. 가벼운 부시워크 후 데일스 협곡을 내려갔다. 데일스 협곡 중에서 서큘러 풀 부위는 조금 특별한 곳이다. 일반적인 협곡과 달리 그 끝 부분이 둥근 모양의 물웅덩이가 존재하고, 또 퇴적암 지층 위로 용암의 흔적이 있다. 지층이 형성되고 그 위로 용암층이 두껍게 덮으니 다른 협곡처럼 서서히 협곡이 형성되지 않고, 지층이 뚝 떨어져 나가서 서큘러 풀과 협곡이 형성되었을 것이

다. 아이들은 이런 설명에 별로 관심이 없고 우리 부부만 열심히 생각해
본다.

서큘러 풀을 가까이에서 보기 위해 데일스 협곡으로 걸어 내려갔다.
길은 Class 4 정도라서 아이들과 무난히 갈 수 있다고 생각했다. 눈으
로는 하늘의 파란색과 땅의 붉은색이 들어왔고, 귀로는 다양한 새소리
가 들어와서 즐거운 등반이 되었다.

붉은 지층의 바위 계단을 따라 내려가니 흰색 몸통의 유칼립투스 나
무가 인상적이었다. 일부는 세월이 흐르면서 껍질이 벗겨져서 마치 흰
종이를 10㎝ 이상 여러 겹 둘러놓은 듯했다. 손으로 눌러 보면 푹신한

느낌과 함께 흰색 가루도 묻어 나온다. 나무둥치 중간에 나뭇잎들이 걸려 있는 흔적이 보였다. 나뭇잎들이 물에 떠다니다가 나무둥치에 걸린 것이다. 이 높이만큼 물이 흘렀다는 증거이다. 어떤 부분은 사람 키보다 높았다. 지금은 건기라서 이렇게 물이 졸졸 흐르지만, 우기에는 사람 키 높이보다 물이 많이 흘렀다는 것 아닌가?

아래에서 보는 지층은 붉은색과 흰색이 시루떡처럼 교대로 퇴적되어 있었다. 어떤 곳은 흰색과 붉은색, 또 어떤 곳은 붉은색과 검붉은 색

이 교대로 쌓여 있다. 이런 지층이 카리지니 철광석의 특징이다. 이런 지층들 중간에 석면층도 보였다. 석면은 폐암을 유발하는 물질이니 아이들은 주의가 필요하다. 표지판에서도 이런 석면에 대해 주의를 시켰다. 카리지니 북쪽의 위트눔Wittenoom 마을은 과거 석면 광산이 있었을 정도인데, 위험하여 정부에서 마을을 폐쇄했다고 한다.

협곡 아래에서 지층을 따라 길을 걷다 보면 연흔을 발견할 수 있다. 이런 연흔은 얕은 바다에서 형성된다. 그래서 20억 년 전에는 이곳이 얕은 바다였다는 것을 추측할 수 있다. 이곳 카리지니는 왜 이렇게 좁은 협곡을 많이 만들었는지 생각해 보았다. 일반적인 토양에서 물이 흐르면 계곡을 형성하기는 하지만 이렇게 좁은 계곡을 만들지는 않는다. 이렇게 좁은 협곡을 만들 수 있는 것은 카리지니 지층이 철 성분을 많이 함유한 지층이라서 침식에 강하기 때문이다.

서큘러 풀은 깨끗하고 조용해서 새소리를 들으면서 한참을 앉아 있었다. 올라오는 길에 호주 노부부를 만났다. 그분들은 벙글벙글에 들렀다가 카리지니로 왔다고 하였다. 그러면서 벙글벙글 여행을 계속 추천했다. 우리는 운석 구덩이가 있는 울프 크릭 정도까지 생각했는데, 이야기를 듣고 보니 조금 마음이 흔들렸다. 연세가 70은 되어 보이는데, 어떻게 이렇게 먼 곳까지 여행하는지 대단해 보였다. 나도 나중에 늙어서 소순이하고 이렇게 여행을 다닐 수 있을지 생각을 해 보았다.

다음 볼거리는 포트스큐 폭포이다. 차로 가면 10분 이내에 도착하는, 같은 데일스 협곡의 다른 계곡이다. 전망대에서 가볍게 구경한 후 아래로 걸어 내려가면 된다. 포트스큐 폭포에는 수영하는 사람들이 많이 있다. 지층들이 계단식으로 되어 있는데, 운동장의 관중석 모양이다. 여기 그늘에 앉아서 호주 사람들 수영하는 것을 구경했다. 우리도 수영하고 싶었지만 여기 호주는 겨울이라서 수영하기에는 추운 날씨다. 수영하려는 아이들에게 브룸에 가면 좋은 수영장이 있다면서 계속 말렸다.

이제 카리지니를 떠날 시간이 다가왔다. 그냥 나가기 아까워서 카리지니 국립 공원 안에 있는 관광 안내소에 갔다. 점심때는 소순이가

만든 음식을 관광 안내소 앞 벤치에서 먹었다. 이 동네는 쓰레기 버리는 곳 찾기가 어려웠는데, 설거지거리에 쓰레기까지 쌓여서 찜찜했다. 관광 안내소 건물 안에 기념품 판매소가 있어서 Australian Icons이라는 책받침과 볼펜 등 기념품을 샀다. 애버리지니의 전통 잼과 시럽도 판매하고 있었는데 어떤 음식인지 궁금했다.

카리지니에서 구경을 마치고 포트헤들랜드로 향했다. 포트헤들랜드로 가는 길에는 로드 트레인Road Train을 많이 볼 수 있다. 철광석을 포트헤들랜드로 수송하는 차량인데, 기차처럼 수송 칸을 여러 개 묶은 것이다. 대개 3개 정도를 엮어서 다닌다. 포트헤들랜드는 연간 1억 톤 이상의 철광석을 처리하는데, 철광석을 나르는 대형 트럭 로드 트레인과 Iron Ore Train 열차로 수송한다. 그리고 포트헤들랜드에서 Bulk Carrier Vessel이라는 길이 230m, 무게 260,000톤에 달하는 대형 선박에 실어서 한국이나 일본 등으로 수출한다.

포트헤들랜드에 5시에 도착했다. 포트헤들랜드 입구에 소금을 산처럼 쌓아 둔 소금산이 보였는데 인상적이었다. 숙소는 Port Hedland Discovery Park로 정했다. 숙소가 깨끗하고 마음에 들었다. 숙소에 들어와서 우리 식구 몰골을 보니 붉은 먼지를 뒤집어쓴 모습이 가관이었다. 샤워하는데 붉은 먼지가 계속 나왔다. 이틀 동안 씻지 못했기 때문에, 재빨리 씻고 나서 울워스에서 쇼핑을 했다. 김치를 먹어야겠다는 생각에 배추와 피시 소스fish sauce를 샀다. 그리고 등심을 많이 사서 저녁

식사로 맛있게 먹었다. 밤에 누워서 생각해 보니 이제 서호주에 온 실감이 났다.

카리지니에서 아내는 배를 무엇인가에 의해 굉장히 많이 물렸다. 많이 가려웠던 모양이다. 가려운 것을 참지 못하고 계속 긁었고, 일주일은 계속 가려워서 고생했다. 다 낫는데 2주 정도 걸렸다. 아마 흙바닥에서 잘 때 개미한테 물린 것 같은데 정확히는 잘 모르겠다.

2017.07.18 (화)

포트헤들랜드 🚙 에이티 마일 비치 🚗 브룸

아침 일찍 일어나서 승이하고 해변 산책을 했다. 조용하고 사람이 없는 해변은 마음을 비우게 해 준다. 아침 일찍 준비해서 세차를 했다. 그동안 식구들도 먼지 구덩이에서 고생했지만, 자동차도 붉은 먼지를 뒤집어썼다. 숙소 안내 데스크에 이야기하면 5AUD에 세차 가능하다고 해서 이야기했는데, 양동이와 T자 모양의 배관 커넥터connecter를 건네주었다. 많은 카라반 사이에서 세차장을 찾지도 못하겠고, 새벽이라서 다른 사람들에게 방해될까 봐 그냥 양동이에 물을 받아서 씻어 냈다. 한국에서는 내 차도 내가 직접 손으로 씻어 본 적이 없는데, 여기 서호주에 와서 렌터카를, 직접 양동이에 물을 들고 와서 스펀지로 씻었다. 붉은 흙먼지가 너무 많았다.

아침 식사도 든든히 하고, 주유도 가득하고, 울워스에서 안작 쿠키와 치킨, 만다린을 사서 9시 30분에 브룸으로 출발했다.

나가자마자 기찻길이 보이고 어제 봤던 철광석을 잔뜩 실은 긴 기차도 보였다. 근처에 흰 모래를 쌓아 둔 것 같아서 가서 자세히 보니 소금을 쌓아둔 곳이었다.

운전 중에 어제 장 본 것 중에서 안작 쿠키를 맛있게 먹었다. 안작

Anzac이 무엇인지 찾아보니 오스트레일리아와 뉴질랜드의 연합 군대인 Australian and New Zealand Army Corps의 약자였다. 세계 1차 세계 대전 당시 영국 식민지 상태에서 두 나라는 Anzac을 만들어 전쟁에 참 전했고, 안작 쿠키는 안작에게 보급품으로 만들어 보냈던 쿠키라고 한 다. 주로 코코넛 과육을 넣어서 만드는데, 보관이 쉽고 맛도 좋다. 가정 용 세트를 구매하니 25개 정도에 5AUD 정도 했다. 맛도 좋아서 여행길 이나 자동차 안에서 먹기 좋았다. 서호주 아웃백에서 유사시를 대비해 서 안작 쿠키를 들고 다니면 좋겠다는 생각도 했다. 그리고 이곳 호주 만다린은 우리나라 귤보다 좀 더 꽃향기가 많이 나서 왠지 달콤한 화장 품을 먹는 느낌이다. 시지도 않고 먹기 좋아서 자주 사 먹었다. 브룸으 로 가는 길은 온통 노란 꽃나무 길이다. 꽃길 속에서 운전하는 거다.

날씨는 맑아서 눈이 부시고 이제 완연히 여름 같은 느낌이다. 가는 길에 샌드파이어 로드하우스Sandfire Roadhouse라는 곳에서 쉬었다. 이름이 조금 특이하다. 포트헤들랜드와 브룸 사이에 주유할 만한 곳이 드물다

고 하여 여기에서 주유도 하였다. 우리 자동차는 가득 주유하면 600㎞
정도 갈 수 있다. 그런데 포트헤들랜드에서 브룸까지는 600㎞가 넘는
다. 그러니 샌드파이어 로드하우스에 쉬는 것은 당연할지도 모르겠다.
붉은 흙바닥의 휴게소도 조금 어색하고 날씨도 더워서 이국적이라는 느
낌이었다. 서부 영화에 나오는 장면을 연상하면 된다.

  지도에 에이티 마일 비치Eighty Mile Beach라는 곳을 유심히 봐 두었다.
80마일이면 100㎞ 이상 되는 해변이라는 말인데, 아무도 없는 그런 해
변에 가 보고 싶은 욕심이 들어서이다. 80마일이라고 적혀 있지만, 실
제로는 136마일(220㎞) 해변으로 서호주에서 가장 긴 해변이라고 한다.
12시쯤에 팻말을 보고 에이티 마일 비치에 들어갔다. 고속 도로에서 해

변까지는 비포장도로로 연결되어 있었다. 해변 입구에는 카라반 파크가 있고, 카라반들이 여러 대 주차되어 있었다. 두근거리는 마음으로 해변으로 가니 하얀 모래 해변이 끝없이 펼쳐져 있었다. 해변은 경사가 완만해서 폭이 상당히 넓어 보였다. 그리고 백사장이 얼마나 하얀지 눈이 부셨다. 이곳은 수영할 수가 없었다. 왜냐면 해변 경사가 완만하기 때문이다. 수영하려고 하는 사람도 전혀 없었다. 파라솔도 없다. 바다로 100m 걸어 들어가도 물이 무릎에도 오지 않을 정도였다. 사진을 몇 장 찍었는데 잘 나왔는지 모르겠다. 아직 이렇게 사람 손길이 닿지 않는 곳이 존재한다니 다행스러운 느낌도 들었다. 여기는 거북이도 와서 알을 낳는데, 지금은 철이 아니라고 한다.

에이티 마일 비치는 거북이 서식지로 유명하다. 10월부터 4월까지 납작등바다거북Flatback Turtle이 주로 해변에서 알을 낳는다고 한다. 이때는 해변에서 자동차를 모는 것이 금지된다. 바퀴가 모래를 딱딱하게 하고 바퀴 자국이 부화한 새끼 거북이가 땅을 파기 힘들게 해서 거북이가 바다에 도착하는 것을 방해할 수 있기 때문이다. 아주 가끔 낮에 알을 낳기도 하지만 대부분 밤에 알을 낳는데, 관찰하려면 조명은 최대한 낮춰야 하고 거북이에게 직접 조명을 비추는 것은 금지된다. 그리고 물론 조용히 해야 하고, 거북이를 만지는 것도 안된다.

지금은 운석 구덩이나 킴벌리 지역으로 빨리 갈 욕심에 서둘러 나왔다. 돌아가는 길에 다시 오리라는 다짐도 했다. 해변이 80마일이나 되니 고속 도로를 타고 올라가다가 중간중간 해변의 다른 곳도 가 보고 싶었는데, 다른 접근 도로는 발견하지 못했다. 그리고 우리가 에이티 마일 비치에서 고속 도로로 나오는 길에 에이티 마일 비치로 가는 카라반을 20대나 보았다. 카라반이 있기에는 좋은 장소인 듯했다.

브룸으로 가는 길은 멀고 지루한 길이지만, 노란 꽃이 지천이었다. 유칼립투스의 노란 꽃길이다. 중간에 산불이 나서 검은 연기 속을 지나가기도 했다.

　아이들이 힘들까 봐 재미난 이야기를 많이 했다. 아라비안나이트 이야기를 했는데, 아이들이 좋아했다. 아라비안나이트 시작에 관한 이야기부터 신드바드 이야기를 섞어서 했는데, 계속 해 달라고 해서 중국 이야기도 했다. 나는 어릴 때 할머니께서 이런저런 이야기를 많이 해 주셨는데, 요즘 아이들은 이런 이야기를 책으로만 접하게 된다. 이렇게 오랜 시간 같이 있으면서 아이들과 이야기하는 것만으로도 멋진 여행길이라 생각한다. 그리고 아라비안나이트 이야기를 하면서 이슬람 문화에 관해서도 이야기했는데, 다른 종교라고 배척하지 말라는 것도 덧붙였다. 그들도 기본적인 인간관계는 우리와 같고 아름다운 문화가 있지 않나. 아라비안나이트처럼.

　오후에 갑자기 사방이 지평선인 평원이 나타나서 기념사진을 찍었다. 브룸에 거의 다 왔다는 뜻이다. 구글맵에서 넓은 강이 흐르는 평원 같은 곳이 보여서 궁금했는데, 직접 와서 보니 넓게 펼쳐진 초원이었다. 사방이 지평선인 곳이다. 이런 지평선이 보이는 곳이 흔하지 않으리란 생각을 했다.

　5시에 숙소에 도착했다. 정리하고 근처 울워스에 6시경에 도착해서 장을 봐 와서 저녁을 해 먹었다. 울워스의 마리나 믹스Marina Mix는 언제 먹어도 맛있다. 생선살, 오징어, 새우, 홍합이 골고루 들어 있다. 밀가루를 살짝 묻혀서 기름에 구워 주면 맛이 환상이다. 가격도 크게 비싸지

않다. 익힌 새우만 파는 것은 맛이 별로라서 추천하고 싶지 않다. 차라
리 생새우를 사서 손질한 후 밀가루 묻혀서 구워 먹는 것이 더 맛있다.
저녁을 먹자마자 온종일 운전해서인지 피곤해서 일찍 잠자리에 들었다.

2017.07.19 (수)

브룸 🚗 피츠로이 크로싱

브룸은 호주 사람들에게 신혼 여행지로 잘 알려져 우리나라 제주도 같은 곳이라고 한다. 아침은 미역국과 양송이구이를 해 먹고 9시 30분에 숙소에서 나왔다. 5분 거리 케이블 비치 Cable Beach에 갔다. 사람들이 많이 있고 파도타기를 한다. 파도타기를 할 정도이니 파도가 세서 수영하기에는 불편하리라는 생각도 했다. 햇빛이 따갑고 갈 길이 멀어서 오전에 구경만 하고 킴벌리 지역으로 들어갔다.

1번 고속 도로를 따라가다 보니 개미집이 많이 보였다. 카리지니 개미집은 붉은색에 넓고 좀 크고 듬성듬성 분포하는데, 여기는 빨간색과 노란색을 띤 개미집들이 모여서 장관이었다. 아마 카리지니 지역은 토양 색깔이 붉기 때문에 붉은색 개미집도 많으리라 생각된다. 그리고 바오바브 Baobob 나무가 많았다. 고속 도로 중간 휴식 공간에 매우 큰 바오바브나무도 있어서 가족들이 들어가서 사진도 찍었다. 단조로운 길 때문에 지루할 수 있는 운전이지만, 바오바브 나무 구경을 하면서 가니 힘들지 않았다. 이미 잎이 떨어지고 열매만 매달려 있는 나무도 있었고, 아직 푸른 잎이 무성한 나무도 있었다. 또 어떤 나무는 아예 죽은 것 같이 앙상한 가지만 보이기도 했다. 지금은 건기라서 물 공급 상태에 따라 잎이 있거나 없을 것이다. 중간에 떨어진 바오바브 나무 열매를 보니 바깥

은 갈색의 딱딱한 껍질인데 안쪽에는 흰 스펀지 재질의 과육이 있었다.

이 길에는 특히 예쁜 노란 꽃을 피우는 유칼립투
스 나무들이 지천이었다. 가도 가도 끝없는 노랑
꽃길이다. 중간에 Willare Bridge 휴게소에서
간단히 파스타를 먹었다. 아이들이 맛있다고 해
서 두 번이나 사 먹었다. 벤치에서 파스타 먹는데

서호주 여행객들이 근처에 보였고, 우리에게 인사를 건네서 친근한 인
상을 받았다.

오후 4시면 숙소를 정해서 잠을 자야 하므로 피츠로이 크로싱으로
들어갔다. 피츠로이 크로싱의 느낌은 그냥 지나치는 작은 마을 느낌이
다. 지도를 잘 보면 피츠로이 크로싱은 킴벌리 남쪽 지역을 적시는 피츠
로이강이 그레이트 노던 하이웨이Great Northern Highway와 만나는 곳이다.

Fitzroy River Lodge라는 곳에 숙소를 알아보러 갔다. 식구들이 이제 텐트 생활을 싫어하는 눈치다. 돈이 들어도 텐트에는 자기 말자고 했다. 그런데 사무실에 가 보니 마음이 싹 달라졌다. 로지Lodge는 호텔도 아닌데 숙박비가 500AUD 이상이다. 그냥 텐트로 결정했다. 사무실에서 텐트 칠 자리 번호를 가르쳐 주면, 그 번호를 찾아서 텐트를 친다. 이곳은 바오바브나무도 있고, 큰 나무들 사이사이에서 캠핑하는 점이 마음에 들었다. 텐트 빨리 치고, 장 보고 주유도 마쳤다. 마을에 가면 애버리지니가 많이 보이고 거의 맨발이다. 원주민을 이렇게 많이 만나니 조심하는 마음도 생겼다. 숙소에서 저녁밥 해 먹고 텐트에서 하늘 구경을 했다. 은하수와 멋진 전갈자리 주위로 성단이 많이 보인다. 망원경으로 밤늦게까지 계속 하늘을 보니 목이 아팠다.

이 동네 사람들은 해가 지면 조용하고 모두 잔다. 그러니 밤이 되면 주변에 텐트나 캠핑카가 있지만 무섭다. 다음 날 생각해 보니 카리지니 데일스 캠프장보다는 춥지 않아서 새벽에 견딜 만했다. 저녁에 비닐 장

판을 펴고 누워서 망원경으로 별을 구경했다. 이곳에서는 전갈자리가 가장 잘 보인다. 전갈자리 부근의 산개성단open cluster들도 보았다. 경문이는 카메라로 은하수 촬영한다고 열심히 카메라를 만졌다. 그리고 새벽에 일어나서 마젤란은하를 봤다. 나무나 불빛이 있어서 희미했고, 아이들을 깨우니 안 일어났다.

왜 서호주까지 와서 별 이야기를 하느냐고 물어본다면, 별을 보기 좋은 조건을 먼저 말해야 한다. 별을 잘 보려면 불빛이 없어야 하고, 날씨가 맑아야 한다. 서호주 아웃백은 인공 불빛이 없고, 사막 기후라서 날씨가 맑고 대기가 안정적이다. 게다가 호주는 남반구라서, 북반구에 속하는 우리나라에서는 보기 힘든 남쪽 하늘을 볼 수 있다는 장점이 있다. 일반적으로 노출되는 하늘은 전체 하늘의 1/4 정도이다. 하지만 잘 보이는 영역은 그것보다 작을 것이다. 우리나라는 북반구에 속하므로 북쪽 하늘을 잘 볼 수 있다. 그리고 7월은 여름이라서 여름날 밤에는 여름 별자리가 주로 보일 것이다. 여름날 저녁에는 봄 별자리를 볼 수도

있고, 여름날 새벽에는 가을 별자리를 볼 수 있다. 태양 빛이 아직 남아 있는 저녁이나, 동이 트기 전에는 별이 잘 보이지 않을 것이다. 우리나라에서 보기 힘든 남쪽 별들은 적도 남쪽에 가야만 볼 수 있다. 남십자성이나 소마젤란은하, 대마젤란은하, 카노푸스Canopus 같은 경우 남반구에 가지 않고는 보기 힘든 것들이다. 그래서 서호주 여행에서 별을 보려고 한다면, 여행가는 계절의 대표적인 관찰 대상을 확인해야 한다. 7월이면 여름철 별자리를 확인하고, 주로 남쪽 하늘에서 관찰하기 좋은 대상을 선정해야 한다. 그리고 저녁이나 새벽에는 봄과 가을 별자리를 확인하여 그 대상을 선정하는 것이 좋다. 7월 밤하늘은 은하수가 아름답다. 우리 은하 중심 쪽 하늘이 보이는데, 우리 은하 중심에는 산개성단이 많다.

    하늘을 관찰할 때 처음에는 무작정 별에 대한 순수한 마음이라고나 할까, 가벼운 마음으로 접근하는 것이 좋다. 은하수를 본다는 것으로도 즐거운 일이다. 처음에는 이렇게 접근하고 조금 더 욕심이 생기면, 보고 싶은 대상을 선정하여 접근하게 된다. 보고 싶은 별이나 은하 등의 천체가 생기면 그 이름과 위치를 파악한다. 위치는 각 계절의 별자리를 파악하여 그 별자리를 중심으로 파악하면 좋다. 그것이 여의치 않으면 적경과 적위를 알아 두면 좋다. 적경과 적위는 그 별의 위치를 지도의 경도와 위도처럼 나타낸 것이다. 해당 적경과 적위를 별을 찾아주는 애플리케이션에 찍어 주면 된다.

2017.07.20 (목)

피츠로이 크로싱 🚗 울프 크릭 크레이터

내가 그렇게 원하던 울프 크릭 운석 구덩이를 보러
가는 날이다. 아침 일찍 계란국과 스테이크를
해 먹고 준비해서 나왔다. 사무실 앞에 풀밭이
있는데, 캥거루 4마리가 모여 있었다. 아침 식
사 하라고 사과를 던져 줬는데 쳐다도 안 봤다.

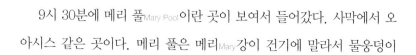

　9시 30분에 메리 풀Mary Pool이란 곳이 보여서 들어갔다. 사막에서 오
아시스 같은 곳이다. 메리 풀은 메리Mary강이 건기에 말라서 물웅덩이

가 생긴 곳이었다. 그래서 물이 깨끗하고 나무가 많아서 시원하고 휴식하기 좋은 곳이었다. 물웅덩이에 물고기도 많았고, 물웅덩이가 있으니 나무도 많았다. 그 나무들 사이로 새들이 와서 새소리까지 들으니 흡사 낙원 느낌이었다. 간식 먹고 1시간 정도 산책했다.

고속 도로로 한참 달리다 보니 드디어 타나미 로드Tanami Road가 보였다. 우리 자동차는 기름을 가득 채우면 600㎞ 정도를 갈 수 있다. 그런데 울프 크릭 크레이터를 보러 타나미 로드에 진입하려고 하니, 연료가 부족해 보였다. 타나미 로드 입구에서 울프 크릭까지 왕복 300㎞ 이상이다. 그래서 할 수 없이 타나미 로드를 지나쳐서 홀스 크릭Halls Creek까지 가서 주유했다.

타나미 로드는 비포장도로이며 많은 사람들이 위험하다고 말하거나, 야생을 느낄 수 있는 곳이라고 말한다. 유명한 미국 천문학자인 '유진 슈메이크'도 타나미 로드에서 교통사고로 사망했다고 한다. 이 도로는 울프 크릭 운석 구덩이로 가는 길이기에 나에게는 큰 의미가 있는 도로다. 처음 타나미 로드에 들어갈 때 겁을 많이 냈다. 지금은 건기라서 통행이 가능하다.

지난겨울에 서호주 여행 계획을 세웠다가 포기했었다. 우리나라 겨울인 11월부터 3월 무렵이 킴벌리 지역은 우기이고, 우기에는 타나미 로드가 통행 금지되기 때문이다. 그런데 지금은 건기라서 통행할 수 있다니 반가웠다. 이륜구동 자동차도 통행 가능하다고 팻말에 적혀 있었다. 도로로 들어가니 타이어 찢어진 것이 많이 보였다. 도로 폭은 생각보다 넓고 속도도 거의 100㎞/h를 낼 수 있었다. 구글 내비게이션은 울프 크릭까지 5시간이 걸린다고 되어 있는데, 2시간 30분이 걸렸다. 아마도 도로 사정에 따라 시간이 오래 걸릴 수도 있을 것이다. 길 중간에 소 떼를 많이 봤다. 킴벌리 소들은 귀가 크고 아래로 처져 있다. 자동차가 다가가도 피하지 않고 물끄러미 쳐다보기도 한다.

중간에 휴게소에서 잠시 쉬었는데, 휴게소라지만 비포장도로의 먼지투성이다. 그곳에서 젊은 커플을 만났다. 그들은 타나미 로드를 달려서 앨리스 스프링스Alice Springs까지 간다고 했다. 15년 전에 왔었던 앨리스 스프링스 생각이 났고, 그들처럼 여유 있게 여행하고 싶었다. 그 사람들이 식탁을 차지해서 우리는 큰 유칼립투스 나무 그늘에 돗자리를 펴고 잠시 쉬려고 했다. 바닥에는 유칼립투스 나무 꽃잎이 무수히 떨어져 있었다. 돗자리를 펴고 앉으려고 보니 그 꽃잎들이 모두 가시였다. 도저히

앉을 수가 없었다. 그래서 쿠션을 사용하여 잠시 앉아서 간식을 먹고 출발했는데, 그 가시들이 돗자리에 박혀서 돗자리 사용할 때마다 애를 먹였다. 또 중간에 화장실에 가려고 차를 세웠는데, 옆에 자그마한 개미집이 있었다. 단단해 보여서 발로 찼더니 중간 부위가 깨졌다. 깜짝 놀랐고, 쳐다보니 많은 흰개미와 애벌레가 구멍들 사이에 있었다. 어차피 부서진 것 아이들에게도 한 번씩 보라고 하고, 다시 부서진 윗부분을 덮어 줬는데 복원이 될지 모르겠다. 나는 자연 훼손을 굉장히 싫어하는데 이런 실수를 해서 마음이 불편했다.

타나미 로드 120㎞를 1시간 30분 정도 달리면 울프 크릭으로 들어가는 작은 도로가 나온다. 이

도로는 중간에 철문이 있어서 누군가가 나가서 문을 여닫아야 한다. 이 길은 그렇게 길지 않지만, 도로 상황이 좋지 않다. 물결무늬의 작은 모래 언덕 때문에 자동차가 부서질 듯 흔들린다. 약 20㎞ 가는 데 거의 1시간이 걸렸다.

넓은 평원에 봉긋 솟은 언덕이 보이고 멀리서 봐도 그 위용이 느껴졌다. 입구 안내판에서 사진을 찍고 운석 구덩이로 올라갔다. 주변은 모두 스피니펙스의 가시 풀밭인 데다가 덥기까지 해서 슬슬 걸어 올라갔다. 운석 구덩이 테두리rim에서 운석 구덩이 내부를 보고 있으니, 사진에서 보던 그대로였다. 이것을 보려고 이 고생을 하나 싶기도 했다. 운석 구덩이 주변의 암석들은 표면은 주황색인데, 내부는 잔모래같이 회색으

로 균질하며 잘 부서졌다. 승이는 일본 만화 영화에 나오는 배경 같다며 좋아했다. 가린이도 이번 여행에서 울프 크릭 운석 구덩이를 가장 가 보고 싶어 했다. 아이들이 좋아하니 고맙고 기뻤다. 운석 구덩이 내부를 들어가 보니 내부 역시 구덩이 테두리 부위의 암석들이 풍화되어 쌓여서 만들어진 모래들이 깔려 있었다. 햇빛이 너무 세고 더워서 약 1시간의 산책도 힘들었다.

2002년 북호주를 여행할 기회가 있었는데, 그때는 자동차가 없어서 고스 블러프Gosses Bluff를 지나치기만 하고 가 보지 못했다. 그것이 마음에 남았는데, 2005년 미국 여행할 기회가 생겨서 그랜드 캐니언Grand Canyon을 갔다. 나는 그랜드 캐니언을 가기 위해 플래그스태프Flagstaff라는 작은 도시에 가서 자동차를 렌트하였다. 그때 플래그스태프에서 윈슬로Winslow 방향으로 가다 보면 오른쪽 방향에 있는 베링거 운석 구덩이Barringer Meteor Crater를 가 볼 수 있었다. 사람에 따라 감동이 다를 수 있겠지만, 나는 이 기억을 잊지 못해서 가족을 데리고 호주에 있는 울프 크릭 운석 구덩이에 오고 싶었다.

지구와 달 표면에 생긴 이런 구덩이를 두고 운석 구덩이인지 화산 분화구인지 의견이 분분했다고 한다. 운석 구덩이 지지자의 여러 의견이 마지막에 가서 결정적으로 막혔는데, 만일 운석 구덩이라면 운석이 비스듬히 지표면으로 떨어질 것이고, 그렇다면 운석 구덩이는 원형이 아니라 물방울 모양의 흔적을 남겨야 한다는 것이다. 이 문제가 해결되

지 않고는 운석 구덩이라고 주장하기 힘든 상황이었다. 나는 이 문제로
우리 아이들과 토론도 하였다. 며칠 뒤에 가 본 달가랑가 운석 구덩이
Dalgaranga Crater는 그 모양이 원형이 아니었고 깊이도 동쪽과 서쪽이 달랐
다. 이 문제에 대한 해답은 후에 나왔다. 10㎞/s 정도의 아주 빠른 속도
로 운석이 떨어지면 그 충격으로 폭발이 일어나고 그 폭발의 흔적으로
둥근 운석 구덩이가 만들어진다는 것이다.

　운석 구덩이가 형성되면 내부는 충격으로 깊이 파이고 주변 테두리
부위는 솟아오르게 된다. 운석 구덩이 테두리 내부는 경사가 급하고 바

깥 면은 완만할 수밖에 없다. 주변의 암석들은 충격으로 모암에 균열이 생기거나 부서졌던 것이 모여서 부서지기 쉬운 암석이 형성될 것이다. 대개 시간이 지날수록 풍화가 되어 테두리의 높이는 낮아지고 운석 구덩이의 깊이 또한 얕아지게 된다. 처음에는 운석 구덩이의 깊이가 120m였지만, 지금은 모래가 쌓여서 주변 평지보다 20m 깊은 것에 불과하다. 깊이가 120m인 것보다야 20m인 것이 걷는 데는 다행이었다. 이런 햇빛에 걷기 힘들 테니까.

운석 구덩이 주변 식물들도 위치에 따라 다른 종류가 자라고 있는

데, 운석 구덩이 내부에 독특한 나무들이 있다. 운석 구덩이가 있는 이 곳은 타나미 사막 근처로 연중 강수량이 400㎜ 정도이다. 하지만 연간 증발량은 매우 많다. 중심부는 비가 오면 물이 고였다가 증발 후 소금기가 남게 되는데, 중심부에만 자라는 식물들은 소금기를 견디는 Salt-Wattle, Roly-Poly라는 종류의 나무들이다.

울프 크릭에서 홀스 크릭으로 돌아가려니 벌써 4시가 다 되어 크레이터 옆 캠프장에서 잠자기로 했다. 주변은 허허벌판에 물도 없는 곳이다. 흙바닥에 텐트를 치고 누우니 등이 뜨뜻했다. 금방 해가 지고 하늘은 아름다운 색으로 덮여 간다.

밤이 되니 바람이 꽤 불어서 텐트가 많이 흔들렸다. 공포영화 〈Wolf

Creek〉의 배경이 된 곳인 데다, 사람도 없는 곳이라서 조심스러웠다. 서호주에서는 일찍 잠자리에 들기 때문에 새벽에 꼭 깬다. 새벽 3시쯤 일어나서 하늘을 보니 소마젤란은하, 대마젤란은하가 보였다. 경문이도 깨서 같이 봤다. 4시쯤에 식구들을 깨워서 은하를 보게 했다. 조금 지나니 항해박명이 시작되어 마젤란은하를 못 보게 되었다.

이제 이번 여행 초기의 마음 졸임이 사라지는 느낌이다. 여행 처음부터 '혹시 길이 막히거나 문제가 생겨서 운석 구덩이를 못 보면 어쩌지' 라는 생각이 많았었다. 게다가 마젤란은하까지 봤으니, 이제부터 구경하는 다음 여행지는 공짜로 얻어가는 것 같은 마음이다.

서호주 킴벌리나 필바라 지역의 사막에는 스피니펙스Spinifex라는 잔디가 지천이다. 모양이 볼록볼록 솟아서 귀여운 스피니펙스는 푹신하고 부드러워 보여도 밟고 다녔다가는 봉변을 당할 수 있다. 가시가 굉장히 뾰족해서 마구 찌르기 때문이다. 한번 찔려 보니 찔린 부위는 최소 10분 동안 따끔거린다. 서호주 식물에 대해 내 몸의 면역을 길러야지, 하는 생각(?)을 하면서 참긴 참았지만, 좀 당황스러웠다. 길을 걸을 때 스피니펙스에 찔리지 않도록 조심해야 한다.

2017.07.21 (금)

울프 크릭 크레이터 🚗 푸눌룰루 국립공원 (Bungle Bungle)

나름대로 아침 일찍 준비해서 라면과 밥으로 간단히 식사를 마치고 나오려니, 언제 여기를 다시 올지 모른다는 마음이 들었다. 그래서 운석 구덩이에 올라가서 한 번 더 둘러봤다. 아이들도 내 마음을 헤아리는지 반대는 하지 않았다.

7시 30분에 홀스 크릭으로 출발하려고 울프 크릭 캠프장을 나서는데, 이미 다른 사람들은 다 출발해서 우리가 캠프장을 떠나는 마지막 여행객이었다. 호주 사람들은 아침에도 참 부지런하다. 어제와 마찬가지로 목장을 지나가게 된다. 소들을 만나면 길을 양보해야 한다. 이곳의 소들은 귀가 크고 눈이 큰데, 차가 지나가면 소들이 하나같이 차를 예의 주시하는 듯하다. 그리고 독수리를 가까이서 볼 수 있었는데, 차가 지나가도 아랑곳하지 않고 먹잇감을 지키고 있다.

이제 퍼스로 가야 하나 생각해 보니 아직 시간이 많이 있어서 푸눌룰루 국립 공원Purnululu Nnational Park(Bungle Bungle)에 가 보기로 했다. 벌써 텐트 생활 이틀째라서 세수도 못 하고 먼지를 많이 뒤집어썼지만, 그래도 가 보고 싶은 곳이 많다.

타나미 로드는 공사 중인 데다가 다른 자동차가 빨리 지나가면 먼지가 일어서 천천히 달려야 했다. 타나미 로드를 나오면서 고속 도로와 만

나는 입구의 표지판을 보니 Cane Toad에 대한 내용이 보였다. 킴벌리
지역이나 벙글벙글 지역 곳곳에서 두꺼비 포스터를 볼 수 있다. 무엇인
지 읽어 보았더니 엄청난 번식력으로 생태계를 위협하는 호주 독 두꺼
비 Cane Toad에 관한 내용이다. 1935년 농작물 재배에 이용하려고 유
입한 이 두꺼비가 천적이 없어서 개체 수가 무한정 늘어나고 있기 때문
에 보는 즉시 잡아야 한다는 내용이다. 호주 당국에서는 군대를 동원해
서 퇴치 작업을 하고, 담장을 설치하는 등 각종 대책을 세우기도 했는
데, 요즘은 이 두꺼비 가죽으로 고가의 패션 소품을 만드는 디자이너도
생겼다고 한다.

울프 크릭에서 느긋한 마음으로 150㎞를 달려 홀스 크릭에 가서 장
을 봤다. 빵집에서 빵도 사고, 이가 마트에서 고기나 과일 등도 넉넉히
샀다.

홀스 크릭은 과거 골드러시의 첫 도시이며, 금덩어리인 골드 너겟 Gold Nugget을 발견한 곳으로 유명하다. 그래서 서호주에서 금광을 찾아 나섰던 첫 마을이었다. 홀스 크릭 안내서를 보면 맨 처음 나오는 내용은 '알코올 제한Alcohol Restrictions'이다. 홀스 크릭이나 벙글벙글 레인지의 푸눌룰루 국립 공원 지역에서는 술을 가져오면 안 되고, 정해진 장소에서만 술을 사 마셔야 한다는 내용을 자주 볼 수 있다. 애버리지니들이 많이 사는 킴벌리 지역에서 엄격한 알코올 제한 정책을 펴고 있다는 것을 알게 되었다.

홀스 크릭부터는 애버리지니 어린이 그림이 크게 나온 포스터들을 곳곳에서 볼 수 있다. 학교 교육의 중요성을 알리는 포스터이다. 그리고 학교 수업 시간에는 어린이에게 물건을 팔지 않는다는 글귀도 빵 가게나 마트마다 붙어 있다. 호주의 원주민인 애버리지니는 어쩌면 우리나라가 일제 강점기에 받은 고통보다 더한 고통을 받아 왔다. 애버리지니 역사의 자세한 부분은 공부를 따로 해야 할 정도이지만, 현재 상황만으로 봤을 때 애버리지니의 삶은 평탄하지 않다. 원래 호주 땅의 주인으로서 평화롭게 살아왔던 애버리지니가 지금은 평균 수명은 백인보다 20년이 짧고, 교도소 갈 확률은 10배 이상이며, 살인 사건 발생 비율은 10배 가량이다. 또한, 애버리지니의 실업률은 60% 이상이다. 그러니 돈이 없어서 고등학교에 해당하는 12학년을 졸업할 확률도 20%가 안 된다고 한다. 자살률도 비원주민의 3배에 달한다. 길가에 맨발로 앉아 있는 애버리지니, 더러운 옷을 입은 애버리지니 아이들을 보면 마음이 조금 불편했다.

홀스 크릭에서 고속 도로로 107㎞를 가니 벙글벙글 입구가 나왔다. 여기에서 비포장도로로 53㎞만 들어가면 된다. 그래서 1시간 정도 예상하고 편한 마음으로 들어갔다. 그런데 이 길이 고행이었다. 웅덩이가 많았고 길이 좋지 않아 거의 3시간이 걸렸다. 처음 만나는 강에서 뒤로 돌아가야 할지 고심을 많이 했다. 만일 강에서 자동차 시동이 꺼지면 오도 가도 못하는 상황이 되고 만다. 여기는 전화 사용이 안 되어 사람을 부를 수도 없는 곳이니까. 웅덩이가 나올 때마다 소순이가 나가서 직접 걸어서 건너며 깊이를 체크했다. 53㎞가 이렇게 길고 어려운 길이 될지 몰랐다.

어렵게 벙글벙글 레인지에 도착하니 벌써 오후 3시였다. 먼저 방문자 센터Visitor Centre에 가서 캠핑 장소를 잡았다. 우리는 쿠라종 캠프장Kurrajong Campground에 자리를 얻었고, 직원에게 안전과 도로 상태를 물어보니 걱정하지 말라고 안심시켰다. 벙글벙글 레인지는 생각보다 규모가 큰데, 크게 북쪽 코스Northern Walks와 남쪽 코스Southern Walks로 나뉜다. 방문 첫날 생각보다 시간이 오래 걸려서 북쪽 코스를 둘러보기로 했다. 북쪽 코스 가는 길에 Kungkalanayi Lookout을 가 보았다. Kungkalanayi Lookout은 조그마한 산에 올라가서 벙글벙글 레인지를 바라보는 곳이다.

    등반 직전, 주차장에서 모자 때문에 실랑이가 벌어졌다. 날씨가 덥
고 땡볕이 내리쬐는데, 모자가 몇 개 없어져서 모자 없이 등반해야 할
사람이 생긴 것이다. 범석이가 모자 없이는 산에 안 오르겠다고 하여 시
간이 좀 걸렸다.

    이제 북쪽 코스로 가는데, 20㎞ 정도 되었다. 가장 먼 에치드나 캐
즘Echidna Chasm부터 가 보기로 했다. 처음에는 별것 없으리라 생각했는데,
들어가 보니 놀라움의 연속이었다. 입구는 마치 큰 자갈이 흐르는 강과

같았다. 아이들은 신드바드의 모험에 나오는 동굴 같은 느낌이라고 하였다. 그리고 보니 역암으로 된 암벽 사이로 자갈길이 있고, 중간중간 종려나무가 있어서 굉장히 이국적인 풍경이었다. 암벽의 높이는 200m 정도 된다. 바닥에 깔린 자갈들은 주변 역암 벽에서 풍화되어 떨어진 것들이었다.

걸으면서 만난 사람들이 "Hello"라며 인사를 하여서 아이들도 따라서 영어로 인사했다. 중간에 어떤 호주 아저씨에게 가족사진 좀 찍어 달라고 부탁했더니, 재미난 이야기를 하면서 사진을 찍어 주었다. 심지어 뒤 봉우리 바위가 나오게 찍는다고 누워서 찍어 주었다. 너무 재미있어서 그 호주 아저씨와 같이 사진도 찍었다. 이런 아저씨들이 우리에게 호주에 대해 좋은 인상을 느끼게 해 준다. 아이들도 무척 좋아했다.

자갈길을 따라 계속 들어가니 길이 끊어질 듯 끊어질 듯 이어졌다. 그리고 길 폭은 점점 좁아져서 나중에는 한 발이 안 될 정도였다. 날이 어둑어둑해지는데 좁은 암벽 사이에 있으니 해가 금방 지는 것 같았다. 그리고 좁은 암벽 사이로 저녁 햇빛이 새어 들어오니 또 다른 아름다운 광경이 펼쳐졌다. 이런 암벽은 벙글벙글 레인지가 풍화 과정에서 단층을 따라 물길이 생기고 그 물길이 점차 풍화를 가속화하여 발생한 것이다.

애치드나 캐즘의 자갈길을 걷다 보니 가린이가 발목이 아프다고 했다. 역시 어린아이에게 이런 길은 관절에 부담이 될 수 있겠다 싶었다. 내가 업어 준다고 했는데, 가린이는 한사코 거부했다. 애치드나 캐즘을 나와서 보니 오스먼드 룩아웃Osmand Lookout이 근처라서 가 보았다. 아이들은 조금 지쳤지만 그래도 잘 따라 주었다. 오스먼드 룩아웃에서는 맞은편 산맥과 넓은 평야가 보인다. 이 평야는 벙글벙글의 애치드나 캐즘을 만들고, 푸눌룰루 지역을 적시는 오드Ord강의 지류인 레드 록 크릭Red Rock Creek이 오랜 시간 동안 만든 평야 지대다. 이 척박한 땅을 적셔서 평야 지대에 숲을 만든 강이 신기해서 오랫동안 보고 있으려니, 아이들이

가자고 보챘다.

벌써 해가 많이 기울어서 급하게 블러드우드 룩아웃Bloodwoods Lookout과 스톤헨지Stonehenge를 거쳐서 쿠라종 캠프장으로 돌아왔다. 스톤헨지는 현지 식물을 모아서 야외 식물원처럼 둥글게 가꿔놓은 곳이었다. 이렇게 간단히 둘러보기에는 너무나 아쉬운 곳이었다.

쿠라종 캠프장에는 싱크대는 없었지만 수도가 있었다. 해가 지고 나서 텐트를 쳤지만 이젠 익숙하게 쳤고, 주변에 아이들 소리도 들려서 마음이 편했다. 캠프장에 식탁과 의자도 있었다. 간단한 라면과 밥이었지만, 촛불도 켜고 분위기 있게 저녁 식사를 했다. 경문이는 별을 좋아해서 밤에 별도 오랫동안 봤다.

여기는 물이 귀하고 사용 가능한 물은 물탱크에 모아 두었다가 사용한다. 그래서 오염된 물이 많다. 물론 가족이 마시는 물은 생수였지만, 설거지까지 생수로 하기는 힘들다. 그래서 물탱크에 저장되었던 물을 사용한다. 이때 오염에 주의해야 한다. 일반적인 물 상태는 눈으로 확인할 수 있다. 그리고 설거지 후에 그릇들은 꼭 건조시켜야 한다. 염소를 이용한 소독도 좋겠지만, 건조가 굉장히 좋은 방법이다. 물에 사는 생명체들은 물이 없어지면 사멸하고 만다. 수인성 전염병 예방을 위해 가족들에게 설거지 후 식기 건조를 계속 당부했다. 그리고 끓이는 방법도 상당히 효과적이라서 요리용 물은 끓인 것만 사용하기로 했다.

2017.07.22 (토)

벙글벙글 산맥 ·🚙· 홀스 크릭

아침에는 빵, 토마토, 계란 프라이를 먹고 점심 간식으로 먹을 감자와 옥수수를 삶았다. 이곳은 카리지니와 다른 색다른 아름다움이 있는 곳이다. 밤에는 벌레 소리, 아침에는 앵무새 소리가 유난하다. 하얀 카커투와 이름 모르는 새들. 아침에 새소리에 깨어서 주위를 둘러보니 옆에는 상시 사용 가능한 텐트도 마련되어 있었다. 조그만 아이들도 여러 명 보였다.

쿠라종 캠프장에서 남쪽 코스인 피카니니Piccaninny로 출발하였다. 거리로는 약 30㎞ 떨어져 있고, 45분 정도 걸리는 비포장도로다. 가는 길에 기념사진을 찍었는데, 이 남쪽 코스가 생각했던 바로 그 벙글벙글 모습이었다. 오렌지색과 검정색 띠 모습을 한 봉우리가 펼쳐져 있었다. 더돔The Dome이란 곳을 먼저 둘러봤다. 모랫길을 따라 걸어가면서 보니 사암층으로 된 암벽에서 풍화되어 쌓인 모래들이었다.

검정색과 오렌지색은 대부분 사암으로 구성되어 있었는데, 검정색은 시아노박테리아가 자라면서 진흙을 머금고 있어서 풍화에 좀 더 강하다. 하지만 오렌지색 부분은 사암이 산화되면서 산화철 성분이 많아져 오렌지색으로 보인다. 만일 산화철 성분이 더 많으면 붉게 보이지만, 산화철 성분과 모래의 주성분 중 하나인 $SiO2$가 섞여서 오렌지색으로

보인다. 아마 지층이 형성될 때나 풍화 과정에서 기후에 따라 물살이 조
금 더 강하게 흘렀거나 시아노박테리아가 살 수 없는 환경이 되었으면
오렌지색 모래층이 만들어졌을 것이고, 물살이 조금 느렸거나 시아노박
테리아가 서식하기 좋은 환경이었으면 시아노박테리아가 진흙을 흡수
하여 검정색 띠를 만들었을 것이다.

더 돔을 둘러보고 오는 길에 호주 원주민인 애버리지니의 암각화를
발견했다. 손 모양의 암각화인데, 사람이 왔다 갔다는 흔적을 암벽에 붉

은색 물감으로 표시한 것이었다. 아이들이랑 암각화 찾는 재미로 한참 쳐다보았는데, 자세히 보니 굉장히 많이 보였다.

캐세드럴 협곡Cathedral Gorge은 더 돔 근처에 있고 조금 더 깊이 들어가 야 한다. 개울은 이미 말라 있어서 강바닥의 모래를 밟으며 갔다. 준비 한 루페Lupe(돋보기)로 오렌지색 지층과 검정색 지층을 보기도 했다. 캐세

드럴 협곡 끝은 벙글벙글 암벽의 갈라진 틈을 따라 흘러들어온 물웅덩이가 있었다. 아이들이 물웅덩이 근처의 모래밭에서 오랫동안 놀았다.

돌아 나오는 길에 암석들 사이에 생긴 팟 홀 Pot Hole을 몇 군데 보았다. 제법 규모가 있고, 깊이도 깊은 것이 있었다. 일부 팟 홀에는 아직 개구리가 살고 있었고, 몇 군데는 말라서 죽은 개구리들만 보이기도 했다. 우리네 인생도 비슷할 것이다. 계속 물이 말라가는데, 우리 운명이 하늘에 달려 있는 경우도 있을 것이다.

특히 구석진 곳의 제법 규모가 큰 팟 홀에는 말라버린 성체 개구리

의 사체들이 10개 이상 널려 있었다. 물이 마르기 전까지 개구리들이 살다가 물이 마르면서 개구리들도 다 죽어버린 듯했다. "이곳은 개구리가 죽어버렸지만, 지구의 물이 다 없어진다면 사람 운명도 이곳 개구리와 크게 다르지 않을 텐데……."라며 아내가 이야기했다.

어떻게 아내가 내 생각과 같은 이야기를 할까 싶어서 놀랐다. 하지만 또 다른 훨씬 큰 팟 홀에는 물이 남아 있었고, 개구리들이 바글바글 살고 있는 곳도 있었다. 그곳은 좀 더 그늘이 져 있고 팟 홀도 커서, 아직 물이 남아 있었다. 그곳을 구경하다가 뱀도 보았다.

12시 10분에 더 돔 주차장에서 홀스 크릭으로 출발했다. 중간에 기념품을 사려고 공원 안내소에 들렀지만, 점심시간이라서 사지 못했다. 사무실 직원은 옆에서 쉬면서 입구에서 사람들이 돌아서는 것을 구경하고 있었다. 호주 시스템이 그렇다. 노동자에게도 휴식이 필요하니까. 어제 지났던 53㎞의 힘든 길을 다시 지나게 되었다. 오늘은 마음에 여유가 있어서 중간에 오드강의 시원한 강물에서 발도 담그고 휴식을 했다.

드디어 오후 3시에 고속 도로에 도착했다. 지긋지긋한 비포장도로
가 끝나니 고속 도로가 너무나 안락한 천국의 도로 같았다. 홀스 크릭까
지는 107㎞. 이쯤 거리는 바로 코앞 느낌이다. 이때까지 퍼스에서의 총
주행 거리는 4,619㎞이다. 여행이 끝날 때 총 주행 거리가 8,500㎞이었
으니 아직도 반 정도밖에 운전을 안 한 셈이다.

홀스 크릭에는 4시 5분에 도착했다. 나름 일찍 도착했다고 생각했는
데 이가 마트는 문이 닫혀 있다. 오늘이 토요일이었기 때문이다. 연속
나흘을 텐트에서 잤기 때문에 오늘은 샤워도 할 수 있는 좋은 숙소에서
휴식을 취하고 싶었다. 그런데 싱크대 있는 작은 숙소가 450AUD나 했
다. 그래서 하루 더 참고 카라반 파크에서 캠핑하기로 했다. 5시가 되면
어둑어둑해진다. 서둘러 텐트를 치고 Coles Express라는 주유소에 딸

린 편의점 같은 곳에서 냉동 닭다리와 빵을 사 와서 저녁 식사용 닭죽을 만들었다.

Coles Express는 주유소 안의 작은 편의점이어서 장 볼 만한 고기가 없었다. 벙글벙글을 나가면 좋은 곳 가서 맛있는 것 먹게 해 준다고 약속했는데 결국 이렇게 되어 아이들에게 미안했다. 하지만 아이들이 오늘도 잘 참아 준다.

토요일이어서 그런지 새벽 3시인데도 한두 명이 아니라 수십 명이 시끄럽게 떠들고 노는 소리가 들린다. 오늘이 마침 축제일이라는데, 그래서 이렇게 시끄럽게 노는 듯했다. 수시로 잠을 깰 수밖에 없었다.

고속 도로National Highway 1에서 벙글벙글로 진입하는 도로에서 1분 거리에 비행장이 있다. 이곳에서 비행기를 타고 벙글벙글을 둘러볼 수 있고, 비행기에서 내려서 가이드와 함께 둘러보는 방법도 있다. 최소 400AUD부터 시작하는데, 아가일 호수Lake Argyle까지 둘러보는 코스는 2,700AUD까지 다양하게 있다. 선진국답게 비용이 엄청나다.

아가일 호수와 핑크 다이아몬드 광산에 대한 이야기를 조금 더 하면, 벙글벙글 안에도 운석 구덩이가 있다. 그리고 아가일 호수 근처에 다이아몬드 광산이 있다. 운석과 다이아몬드 광산이 밀접하게 관련이 있기 때문에 가까이 있는 것이 아닐까, 하는 생각이 들었다. 마음 같아서는 더 구경하고 싶었지만 벙글벙글을 둘러보는 것만 해도 너무나 힘겨웠기 때문에 엄두를 낼 수가 없었다. 사실 벙글벙글도 제대로 된 랜드 크루저 같은 4WD 차량으로, 스페어타이어도 2개 정도는 필수로 준비하고 가야 했는데, 일정에도 없이 가게 되었다. 벙글벙글에서 북쪽으로 조금만 가면 아가일 호수가 있는데도 침만 꼴깍꼴깍 삼키고 언젠가 갈 수 있겠지 하는 마음으로 벙글벙글을 떠났다.

2017.07.23 (일)

홀스 크릭 ·🚗· 브룸 (Broome Time Lodge)

새벽에 여러 번 깼다. 5시 30분에 일어나서 아침밥을 먹고, 7시 5분에
는 주유소 휴게소에서 물을 사고 브룸으로 출발했다. 이름 모를 룩아웃
포인트 휴게소에서 멀리 산맥이 갈라진 틈을 보았다. 며칠 화장실을 못
가서인지 치질이 생겼고 휴식이 필요해서 잠시 쉬는데, 마침 변성암들
이 보였고 먼 곳 산과 들판을 바라보며 야외 화장실(?) 사용도 했다. 어
떻게 보면 홀스 크릭에서 브룸으로 가는 길에서 가장 시원한 곳이 바로

여기, 이름 모를 룩아웃 포인트가 아니었나 싶다.

고속 도로 운전 중 Ngumban Cliff 휴게소라는 곳에서도 쉬었다. 여기는 어떤 지도에는 Ngumpan이라고도 적혀 있다. 아마 애버리지니 언어를 따라 표기하는 과정에서 발음이 달라진 것이 아닌가 싶다. 비포장 길을 따라 들어가서 그늘에서 쉬는데, 멀리 벌판과 계곡이 보이고 작은 바오바브나무도 있다. 간이 그늘에서 휴식을 하다가 뉴질랜드에서 혼자 온 여행자를 만났다. 한국 이야기도 했고, 아이들이 영어로 인사를 해서 좋았다.

중간에 밈비 동굴Mimbi Caves 표지판을 보고 밈비 동굴로 가는 길로 무작정 들어섰다. 고속 도로에서 3.5㎞ 옆이어서 가깝다. 하지만 내부를 구경하려면 예약 후 가이드와 함께 가야 하는 곳이었다. 킴벌리의 그레이트 샌디Great Sandy 사막은 메사 구조를 이룬 산들이 많이 보인다. 하지만 여기 밈비 동굴 근처는 시꺼먼 돌산처럼 보이는 곳이 5㎞ 정도 이어져 있었는데, 석회암 산이고, 안에는 석회암 동굴이 있는 듯했다. 캠핑할 수 있는 캠프장도 있었는데, 자동차 1대만 덩그러니 있었다. 밈비 동굴 출입구로 보이는 길은 제한 구역으로 표시되어 있었으며 문이 닫혀 있었다. 아마 동굴 안에는 애버리지니 암각화와 유적들이 있지 않을까 싶었다. 멀리서만 보고 차를 돌렸다.

피츠로이 크로싱Fitzroy Crossing으로 가는 길은 소구경도 한 번씩 하게 했다. 소가 500마리쯤 지나가는 곳도 있었다. 이곳의 소는 우리나라 소

보다 귀가 훨씬 크고, 지나가는 사람을 계속 지켜보는 편이다.

피츠로이 크로싱에서는 이가 마트에 가서 간단히 오렌지, 사과, 빵, 우유, 비닐 팩 돼지고기 BBQ 정도만 사서 자동차 안에서 점심 대신 먹기로 하고 브룸으로 출발했다. 중간에 윈자나 협곡Windjana Gorge으로 가는 길 입구가 보였다. 윈자나 협곡에도 가고 싶은 마음에 살짝 물어보니, 5일 연속 캠핑을 한 아이들이 결사반대했다. 그런데 엄마가 윈자나 협곡에 가 보고 싶어 한다는 것을 경문이가 알고 계속 미안한 마음을 표현했다. 윈자나 협곡으로 가려면 사륜구동에 이것저것 준비해서 깁 리버 로드로 들어가야 하니 이번 여행에서는 무리이긴 했다.

바오바브 나무가 있는 휴게소에서 10분 휴식을 취하고 250㎞ 남은 브룸으로 계속 차를 몰았다. 드디어 오후 4시 10분에 숙소로 정한 브룸의 Broome Time Lodge Accommodation에 도착하여 방을 정한 다음 장을 봐서 거창하게 식사를 했다. 브룸에 도착하니 야생에서 도시로 돌아온 느낌이었다.

이제 휴식이다.

　우리나라 사람들은 유난히 안경을 낀 사람이 많고 노안이 빨리 온다. 내 생각에는 첫째, 공부한다고 가까운 것을 자주 보다 보니 초점을 맞추는 부분에 문제가 생긴 것 같다. 아마 수정체를 조절하는 모양체 근육의 역할에 문제가 있을 것이다. 둘째, 눈에도 휴식이 필요한데 우리나라 사람들은 잠을 많이 안 잔다. 그리고 컴퓨터나 스마트폰의 밝은 화면을 많이 본다.

　이번 여행에서 눈 건강에 대해 생각을 해 보았다. 우리 몸은 자연환경에 잘 맞는 상태로 진화되어 왔다. 그래서 건강을 지키는 방법은 자연환경에 맞는 상태로 만드는 것이 으뜸이다. 눈 건강은 어떨까?

　먼 곳 나무를 보고, 하늘을 보고, 가까운 곳도 보았을 것이다. 이렇게 골고루 보는 것이 근시 예방 및 치료의 핵심이 아닐까?

　또한, 전구가 발명된 후 우리 눈은 밝은 빛에 오랜 시간 노출되었다. 더구나 공부하는 학생들은 하루 15시간 이상 눈이 혹사당하고 있다. 이 모든 것이 '인위적인 많은 것을 버리고 대자연이 있는 서호주에 가면 해결될 수 있지 않을까?'라는 생각을 해 보았다.

2017.07.24 (월)

브룸  휴식 (Broome Time Lodge)

처음 목표했던 스트로마톨라이트, 운석 구덩이, 카리지니 구경은 달성했기 때문에 브룸에서 하루를 쉬면서 휴양하기로 했다. 아침에 느긋하게 일어났다. 자동차도 씻고, 어젯밤에 빨아 둔 빨래도 널었다.

아침밥을 제대로 먹고 오전에 케이블 비치에 갔다. 여기 브룸은 차도 안 막히고 도시도 작아서 참 편하다. 서호주 북쪽 해변은 조수간만 차이가 심한 곳이다. 그리고 인도양이 펼쳐져 있어서 파도가 세다. 그래서 우리나라처럼 수영을 즐기는 사람보다 파도를 즐기는 사람들이 더

많다. 그러니 우리가 준비한 튜브Tube를 타고 놀기보다 파도를 타는 방법
을 찾아야 한다. 튜브는 파도가 세서 자꾸 뒤집혀 아이들이 타고 놀기에
적당하지 않았다. 나는 외국에서 아이들이 큰 파도에 쓸려 갈까 봐 걱정
하는데, 경문이와 가린이는 파도를 타면서 잘 논다. 파도 타는 서핑Surfing
용 보드보다 좀 작은 어린이용을 빌려서 탔다. 작은 파도 10여 차례 후
큰 파도가 한 번씩 밀려오면, 좀 깊은 바다에서 해변까지 이 보드를 타
고 온다. 아빠만 가슴 조마조마하고 아이들은 즐거운 시간을 서너 시간
보냈는데, 다른 식구들은 해변 모래사장에 텐트를 치고 계속 잤다. 우리
식구들은 과일을 좋아해서 어젯밤에 사 둔 서양 배와 만다린, 사과를 비
롯해 이 동네 사람들이 많이 먹는 크루아상과 큼지막한 빵들을 수시로
먹었다. 아이들이 서양 배의 향긋한 맛을 좋아해서 나도 기뻤다.

　　오후에는 숙소에서 샤워하고 제티Jetty에 갔다. 제티는 부두의 방파제
같은 시설이다. 브룸은 항구가 중요 시설이라서 그런지 일반인은 출입
금지 구역이었다. 근처에 보니 식당이 있는데 한국 메뉴가 있어서 기념

사진도 찍었다. 하지만 이런 식당을 이용하기보다는 그냥 장 봐서 해 먹
어야겠다고 생각하고 울워스로 장 보러 갔다. 이전의 생존을 위한 장 보
기와 달리 먹고 싶고 사고 싶은 것을 많이 고르게 하였더니 식구들이 좋
아했다. 아내는 멋진 요리를 위해서 바라문디 필레Barramundi Fillet, 왕새우,
등심을 샀다.

오후 4시만 되면 저녁 식사 준비를 해야 하고, 밥 먹고 곧 해가 지면
잠자리에 들게 된다. 오늘은 쉬었는데도 그동안의 피로가 몰려와서인지
나른했다.

2017.07.25 (화)

브룸 🚗 에이티 마일 비치 🚗 마블 바

아침 일찍 준비해서 출발했다. 나름대로 빨리 준비해서 8시에 나왔는데 다른 방 사람들은 벌써 출발하고 없는 경우도 많다. 정말 서호주에서는 아침 일찍 하루가 시작되고, 해가 지면 금방 하루가 끝난다. 브룸에서 마블 바까지는 700㎞나 된다. 브룸에서 조금 가면 평원이 펼쳐지는데, 사방이 지평선인 이 초원에서 사진을 찍었다. 가족들은 이런 평원에 대해 내 생각보다 시큰둥한 반응이다.

브룸으로 오는 길에 갔었던 에이티 마일 비치에 다시 가 보았다. 다

른 접근로가 있는지 확인했지만 역시 안 보였다. 지난번은 썰물이었던 모양이다. 오늘은 지난번보다 해변 폭이 좁았다. 그리고 낚시를 하는 사람들이 좀 보였다. 해변이 완만하고 모래사장만 펼쳐진 곳은 내 상식으로는 좋은 낚시터가 아니다. 물고기가 좋아하는 장소가 아니기 때문이다. 그런데도 사람들은 물고기를 제법 낚는 모양이다. 낚시하는 사람 중 한 명에게 많이 낚았느냐고 물어보니, 이제 시작했다면서 이런저런 이야기를 많이 했다. 자기는 남쪽 에스페란스 출신이고, 부인이 낚시를 좋아하고 잘해서 부인이 낚시하고 자기는 휴식 중이라고 한다. 한국 이야기도 하고 관심도 나타냈다. 서호주 이런 외딴곳에서 누군가를 만나서 이야기를 즐겁게 했다. 유쾌한 아저씨였다.

　　어떤 사람들은 사륜구동 자동차로 해변을 달려가기도 한다. 끝없이 펼쳐진 해변이 인상적이어서 오랫동안 살고 싶은 마음이 들었다. 해변의 조개들이 다양한 모양이다. 조개껍데기가 다양하고 예쁜 것이 많아서 쳐다보았는데, 누군가가 예쁜 조개껍데기를 모아 둔 것이 있어서 주워 왔다. 성게 껍질, 긴 뿔고둥, 필리핀에서 본 카우리cowrie 같은 조개껍데기도 보였다. 예쁜 조개껍데기를 보면서, 자연의 아름다움 중 규칙을 가진 통일과 조화에 대해 잠깐 생각을 해 보았다. 아름답게 보이는 것들에는 반복적이거나 조화를 이룬 것이 많다.

　　지난번에 한번 지나간 길이어서인지, 긴 운전이었지만 지루하지 않았다. 아이들은 휴게소가 나오면 우리나라처럼 뭔가 많이 먹을 것으로 기대했다가, 우리나라와 전혀 다른 서호주 휴게소의 모습에 실망을 많

이 했다. 하지만 시간이 흐를수록 이런 로드하우스에서도 뭔가를 팔고, 나름대로 먹을 만하다는 눈치를 챈 모양이다. 그래서 로드하우스만 나오면 들어가서 뭔가 사 달라고 한다. 샌드파이어 로드하우스가 보이니까 아이들이 들렀다 가자고 졸랐다. 나는 간밤에 소순이가 쪄 놓은 옥수수를 먹었다. 휴게소 마당에 공작새가 몇 마리 있었는데, 마침 날개를 펼쳐서 아이들이 구경하면서 좋아했다. 옥수수를 주니 잘 받아먹기도 했다.

　나중에 철광석이 있는 지역을 지날 때, 철광석이 자석에 붙는지 확인해 보려고 냉장고 자석도 샀다.

　다시 해변을 따라 난 고속 도로를 운전하다가 파두 로드하우스Pardoo Roadhouse가 나오자 아이들이 또 들렀다 가자고 졸랐다. 파두 로드하우스를 지나면 마블 바로 가는 갈림길이지만, 일단 멈추고 파두 로드하우스에 또 들어갔다. 식구들이 호주에서 파는 감자튀김을 좋아했는데, 상점

진열대에 감자튀김이 보이지 않았다. 그래서 감자튀김을 판매하지 않는 줄 알고 아이들이 실망하였다. 그래도 혹시나 해서 직원에게 감자튀김을 파는지 확인해 보니 바로 감자를 튀겨 줄 수 있다고 하였다. 즉석에서 튀긴 감자튀김은 양도 많고 맛도 정말 좋았다.

마블 바 도착 전, 중간에 뽀족뽀족 솟은 굉장히 규모가 큰 암석 지대를 지났다. 이것들이 그린스톤 벨트 Greenstone Belt 라고 생각했다. 마블 바까지는 생각보다 시간이 오래 걸려서 저녁 7시쯤 도착했다. 해가 벌써 지고 어두워서 위치 감각이 없었다. 장을 보려고 해도 장 볼 곳이 없었다. 간신히 주유소가 딸린 조그마한 가게에서 주유하고 이것저것 조금 샀다. 숙소는 마블 바 카라반 파크로 정하고, 너무 늦었지만, 저녁을 해 먹고 캠핑을 했다. 그래도 잔디밭에 텐트를 쳤다.

밤에 경문이하고 별을 봤다. 호주에는 늘 7월부터 9월 사이에 왔고, 저녁 하늘은 항상 전갈자리가 멋졌다. 오늘도 은하수를 배경으로 멋진 전갈자리를 보았다. 많은 산개성단도 볼 수 있는데, 은하의 중심인 궁수자리 근처는 산개성단들이 특히 많다. 우리 은하의 모습과 은하수, 산개성단, 구상성단에 대한 이야기를 좀 했다.

새벽 3시 15분에 일어나서 경문이하고 플레이아데스성단, 오리온성운, 소마젤란은하, 대마젤란은하와 M31 안드로메다은하를 봤다. 새벽에는 우리 은하 중심은 이미 진 상태라서 은하수는 잘 안 보인다. 맨눈

으로는 안드로메다은하가 너무 희미해서 긴가민가할 정도였지만, 쌍안경으로 안드로메다은하를 보니 사진 속 그 모습을 하고 있었다. 안드로메다은하는 사람 눈으로 볼 수 있는 가장 먼 곳 아닐까?

경문이는 카메라로 마젤란은하들을 촬영한다고 어두운 곳으로 다닌다. 참 겁도 없다고 생각했다.

2017.07.26 (수)

마블 바 ·🚗 뉴먼

텐트에서 잤지만 느긋하게 일어났다. 여기서는 매일 거의 10시간씩 잔
다. 하지만 나는 수시로 잠에서 깼다. 이 동네에 아침밥을 우리처럼 제
대로 먹는 사람은 없다. 매번 호주 사람들이 아침밥 제대로 먹는 우리
식구를 부러워하는 눈치다. 우리 식구들은 아침밥을 꼭 챙겨 먹는 편이
다. '그것도 아주 거창하게 말이다.' 이 말투는 평소 우리 식구들이 사극
〈초한지〉를 자주 보는데 진시황의 환관 조고의 말투를 흉내 낸 것이다.
아침 식사 후 가족회의로 여행 계획을 좀 세웠다. 감자튀김, 라면, 밥,
김치, 베이컨 구이로 아침밥을 먹고 정리해서 9시 15분에 카라반 파크
를 나왔다. 그런데 이미 다른 사람들은 거의 다 떠나고 없었다.

　아침 식사 후 어젯밤에 갔던 주유소 옆 조그마한 가게에서 장을 봤
다. 갈비구이(8AUD)가 있어서 샀더니 나중에 가족들이 잘 먹었다. 그리

고 그 가게에 안작 쿠키(1AUD)도 있고, 마인 쿠키(1AUD)도 있었다. 마인 쿠키는 광부들이 광산에 가지고 가서 먹었던 쿠키라고 한다. 크기가 안 작 쿠키보다 더 크고 갈색이었다. 안작 쿠키 사촌 정도로 생각하면 될 듯하다. 이것 역시 맛있게 먹었다.

마블 바는 아주 작은 도시이다. 과거 번영했던 광산 도시 흔적은 여 기저기 있는데, Iron Clad Hotel이 생각난다. 구글맵에서 보고 이름도 이상하고 호텔이라는데 너무 작아서 눈여겨봤던 곳이다. 마을은 자동차 로 5분이면 돌아볼 수 있을 정도로 작다. 애버리지니의 커뮤니티 같은 곳도 보였다.

유명한 도시 이름이 아니라 진짜 마블 바도 가 봤다. 가는 길에 뾰족뾰족한 편암들이 보였다. 이 편암은 변성암인데 박문호 박사가 이야기하는 그린스톤 벨트의 일부이다. 주변에 스피니펙스가 있어 접근하기 힘들었다. 자세히 보면 표면은 산화되어 붉은색을 띠고 있지만, 내부는 녹색의 암석이다. 이 암석은 아주 오래된 암석으로 35억 년 전에 형성된 것이라고 한다. 지구 나이가 45억 년이고, 지구 표면의 암석들은 대개 풍화와 퇴적 등으로 변화하여 이렇게 오래된 암석은 보기 드물다. 물론 캐나다 일부 지역에서 이것보다 오래된 암석이 발견되었지만, 여기 그린스톤 벨트를 이루는 편암들도 굉장히 오래된 암석이다.

마블 바 풀 로드Marble Bar Pool Road를 따라가면 차이나맨 풀Chinaman Pool이 먼저 보인다. 가볍게 둘러보고 차를 몰고 조금 더 가니 마블 바 휴식 벤치가 나왔다. 아침에 가게에서 산 갈비구이를 먹었다. 푸짐한 느낌이었고, 아이들과 소순이가 맛있게 먹었다.

간단히 요기한 후에 마블 바를 둘러봤다. 마블 바는 드 그레이De Grey 강의 지류인 Coongan 강이 흐르면서 노출된 암반 일부인데, 붉은색의 재스퍼Jasper와 흰색을 띠는 지층이 교대로 나온다. 마치 정육점의 삼겹살처럼 고기 부분과 기름 부분이 교대로 보였다. 과거 여기를 여행했던 사람들이 흰색 암석을 보고 대리석이라고 생각하여 마블이라고 불렀다고 한다. 하지만 지금은 붉은색을 띠는 재스퍼에 더 관심을 두고 있다. 이 마블 바는 강에 의해 침식되어 노출되었지만, 노출되지 않은 띠 모양

의 지층을 보고 싶다면 구글어스나 구글맵을 이용하여 보면 좋다.

　　마블 바 지역에서는 재스퍼를 채집할 수 없다. 하지만 마블 바 마을에서 힐사이드 마블 바 로드Hillside Marble Bar Road를 따라 5분 정도 가면 왼편에 재스퍼 디파짓이라고 하여 재스퍼를 채집할 수 있는 곳을 발견할 수 있다. 말라버린 개천 주위에 마블 바처럼 흰색과 붉은색의 띠를 가진 암석들이 쌓여 있다. 우리도 여기에서 30분 정도 재스퍼를 채집하였다.

아이들은 재스퍼를 채집한다니 무언가 보석을 탐사하는 느낌이었는지 흥미롭게 생각하였다. 하지만 뭐 그렇게 거창한 것은 아니고 얼룩덜룩 예쁜 돌 줍기 체험이라고나 할까?

가만히 생각해 보니 어제 잤던 마블 바 카라반 파크 주인이 여기에서 주워다 놓은 재스퍼 원석 덩어리들이 주변에 굴러다니던 기억이 난다.

다음 목적지는 뉴먼이다. 뉴먼까지 가는 길은 세 갈래이다. 첫 번째는 마블 바에서 포트헤들랜드 방향으로 갔다가 뉴먼으로 가는 길이다. 138번 도로를 타다가 1번 고속 도로를 타고 포트헤들랜드로 가서 95번 고속 도로로 뉴먼으로 가면 된다. 이 길은 도로 사정은 좋지만, ㄷ 자 모양으로 둘러서 가야 한다. 두 번째는 마블 바에서 곧바로 뉴먼으로 가는 길이다. 마블 바에서 뉴먼으로 가는 138번 도로는 비포장도로이다. 거리는 가장 짧지만, 비포장도로라 위험할 수 있다. 하지만 이 도로는 눌라진Nullagine 평원을 가로질러 가기 때문에 색다른 모습을 볼 수 있을 것으로 생각했다. 세 번째는 지도에는 상세히 표시되어 있지 않지만, 마블

바에서 95번 고속 도로 쪽으로 연결된 도로를 이용하는 방법이다. 이 도로는 우기에는 사용을 못 하기도 하고 철광석을 실어 나르는 로드 트레인이 많이 이용하는 길이다. 이 세 가지 루트를 두고 갈등을 많이 하였다. 첫 번째 길은 예전에 지나왔던 길이고 너무 둘러가기 때문에 포기했다. 두 번째, 세 번째 길 때문에 갈등하였으나, 비포장도로는 타이어가 터질까 염려하여 세 번째 도로를 선택하였다.

힐사이드 마블 바 로드는 처음에는 비포장도로로 시작된다. 11시 10분쯤 플라잉 폭스Flying Fox 전망대가 있어서 한 5분 정도 올라가서 둘러보았다. 전망대라고 하지만 거창한 것은 아니고 조그만 언덕에서 마을이나 주변 산을 둘러볼 수 있는 곳이다. 그래도 전망대에서 저 멀리 산과 마블 바 근처의 Coongan 강을 쳐다보니 시원하였다.

이 길을 따라 15분쯤 가면 코멧 골드 마인Comet Gold Mine이 나오는데, 과거에 금을 채취했던 광산 같았다. 입장료는 3AUD이며, 입장하니 연세 많은 할아버지 혼자 외로이 박물관을 지키고 있었다. 혼자라서 외로웠는지 우리 식구들에게 이런저런 설명도 해 주고, 골드 너겟Gold Nugget을 보여 주며 직접 만져 보게 해주었다. 골드 너겟은 채집한 금덩어리를 말하는데, 일반인이 생각한 것처럼 금이 치킨 너겟처럼 두툼하게 있는 것이 아니라 손톱보다 작은 금덩어리이다. 금 이외에도 서호주에서 채집되는 지브라 스톤Zebra Stone, 우라늄Uranium 원석, 철광석Iron Ore 등 다양한 광

물을 전시하고 있었다. 박물관의 규모가 작고 건물도 허름하지만, 과거로 돌아간 느낌을 받았다. 친절한 박물관 할아버지와 인연이 서호주 여행에서 또 다른 느낌을 주었다. 그래서 기념사진도 촬영하였다.

이 도로를 따라가다 보니 도로가 강을 가로질러 가는 곳도 있었다. 우리나라 같으면 다리를 만들어서 우기에도 사용할 수 있도록 하였을 텐데, 서호주는 너무 넓다 보니 관리가 안 되는 모양이다. 도로에 철광석을 실어 나르는 로드 트레인이 많아서 위험하다고 느껴지기도 하였다. 로드 트레인을 추월하려다 결국 왼쪽 뒤 타이어가 찢어져 버리고 말았다. 펑크가 난 것이 아니

라, 도넛처럼 타이어가 휠과 분리되었다. 자동차를 길 가장자리에 세우려고 하였는데, 이 도로에는 가장자리가 거의 없었다. 그래도 간신히 세우긴 하였으나, 도로에 일부 차체가 나와 있었기 때문에 다소 위험한 상황이었다. 이 차는 내 차가 아니어서 스페어타이어의 교체법, 위치, 공구 사용법을 잘 몰라서 곤란했다. 다행히 메인 매뉴얼을 꼼꼼히 읽어 보

고, 힘쓰는 일은 범석이가 도와주어서 거의 40분 만에 교체할 수 있었다. 그러나 타이어 교체에 40분을 쓰다 보니, 뉴먼 도착 시각이 늦어졌다. 그리고 이제 스페어타이어가 없어서 한 번 더 타이어가 터질 경우에 길에서 오도 가도 못하는 상황이 되어버린다. 그래서 시속 80~90㎞ 정도로 운전할 수밖에 없었다.

95번 고속 도로에 접어드니 다소 마음이 놓였다. 지나는 길에 카리지니 국립 공원 갈림길이 나왔을 때 갈등하였다. 카리지니에 한 번 더 갈 것인가? 아니면 그냥 뉴먼으로 갈 것인가?

피곤하고 이제 욕심도 없어져서 그냥 뉴먼 쪽으로 계속 달렸다. 중간에 철광석 지층이 나와서 차를 세워서 도로변에 있는 지층도 만져 보고 자석으로 문질러도 보았다.

가다가 앨버트 토놀리니 쉼터Albert Tognolini Rest Area에서 잠시 쉬었다. 전망이 괜찮아서 계속 앉아 있고 싶었다. 주변을 둘러보니 카라반이나 캠퍼밴이 제법 보였다. 4시 22분인데 해는 벌써 지고 있어서 급하게 나왔다. 뉴먼까지는 아직도 1시간 30분 운전해야 한다. 뉴먼에 다가갈수록 이상하게 경찰차가 많이 보였다. 그래서 조심스러웠는데, 나중에 알고 보니 경찰차가 아니라 광산에서 사용하는 차였다. 나는 아직도 경찰차와 광산에서 사용하는 차를 구별하지 못한다. 해 질 무렵에 운전하니 길가에 딩고Dingo도 보였다. 딩고는 야생화된 개를 말한다.

저녁 하늘은 더없이 아름다웠다. 파스텔 톤의 노란색과 보라색으로 물든 하늘은 여태까지 보지 못한 하늘색이었다.

뉴먼에 도착하니 이미 해는 져 있었다. 하지만 뉴먼에서 퍼스까지 1,200㎞밖에 안 남았다고 생각하니 마음이 놓였다. 뉴먼에 도착하여 숙소를 알아보니 Seasons Hotel이 있었다. 식구는 많지만, 방 한 개만 정했다. 숙소는 좋은 편이었다. 방을 정하고 나서 장을 봤는데, 뉴먼의 울워스는 다행히 7시까지 영업을 해서 장을 볼 수 있었다.

호텔이라서 요리가 될지 걱정을 했지만, 그래도 식사는 해야겠기에 요리를 했다. 객실 내에서 가스버너로 고기를 굽다가 화재 경보등이 울려서 얼마나 놀랐는지 모르겠다. 처음 들어 보는 경보음이었다. 너무 크게 울려서 '아, 이러다가 쫓겨나는구나'라고 생각했는데, 천장의 경보등 버튼을 누르니 다행히 소리는 꺼졌다. 하지만 연기가 가득 차서 매니저가 올까 봐 가슴이 조마조마했다. 어쩔 수 없이 저녁과 아침은 현관 밖에서 고기를 구웠다. 호텔 방이 1층이라서 문밖에서 고기를 굽고 있으면 지나가는 사람들이 쳐다보기도 한다. 지나가던 사람이 갑자기 "Good Smell~"이라고 말해서 놀라기도 했고, 호텔 카운터 쪽에서 직원이 다가와서 놀라기도 했다. 주변에 숙소를 이용하는 사람들은 광부들이 많이 보였다.

울워스의 생새우가 매우 싸서 샀는데 사고 보니 싱싱하지 않았다. 언제나 하듯이 껍질 벗기고, 등 갈라서, 내장 꺼내고, 식초 뿌리고, 밀가루 묻혀서, 기름 두른 팬에서 구웠다. 다행히 맛은 있었다. 밥 먹고 나서 남아도는 셀러리와 당근으로 피클을 만들고 갈비를 양념해 두었다. 마블 바에서 먹었던 갈비 맛을 잊지 못해서이다.

2017.07.27 (목)

뉴먼 ⋯🚗⋯ 미키타라

아침은 갈비찜, 안심 구이, 미역국, 김치, 당근, 셀러리, 피클로 해결했다. 남은 갈비찜은 점심이나 저녁때 먹기 위해서 냄비에 넣어서 가져가기로 했다. 소순이는 아침부터 장장 한 시간 동안 현관에서 쪼그리고 앉아서 음식을 했더니 왼쪽 골반 뼈가 아프다고 했다. 코펠 냄비가 총 3개 있는데 한 개는 밥, 한 개는 갈비찜, 한 개는 미역국을 하다 보니 옥수수를 삶지 못했다.

아침 8시 30분에 광산 투어를 예약하기 위해서 뉴먼 방문자 센터 Newman Visitor Center에 갔다. 이곳은 BHP 빌리턴Billiton이라는 회사가 관광객

을 위해 만들었다고 한다. 그래서일까, 근처에는 하울Haul 트럭이 전시되어 있다. 톰 프라이스에 전시되어 있던 하울 트럭과 모양은 다르게 생겼으나 대단한 규모의 트럭이었다. 200 Tonne Wabco Ore 트럭으로 불리는 이 트럭은 30대밖에 생산이 안 되어 있는데 뉴먼 광산에서 23대가 사용되고 있으며, 200톤을 실을 수 있다. 1973년도에는 가격이 250만 AUD였는데, 1992년도에 이 방문자 센터에 1AUD에 판매하여 전시하고 있다. 타이어의 가격은 하나에 4만 AUD라고 한다.

광산 투어를 기다리는 동안 퍼스에 있는 허츠 렌터카 회사에 전화하여 어제 터져서 갈아 끼운 스페어타이어에 대해서 문의하였다. 동일한 사양의 타이어를 구매하고 퍼스 공항 내의 허츠 렌터카 회사로 돌아오면 타이어 가격을 환불받을 수 있다고 하였다. 광산 체험을 하려면 헬멧과 야광 조끼 및 고글을 착용해야 하는데, 아이들이 재미있어하기에 기념사진도 찍었다. 광산 체험의 정식 명칭은 BHP Billiton Iron Ore MT Whaleback Mine Tour이며, 웨일백 산Whaleback Mountain 전체가 철광산으로 되어 있었다. 이 광산은 전 세계에서 가장 큰 단일 노천 광산으로 길이가 5.5㎞, 폭이 2㎞이다. 계단 하나를 벤치Bench라고 하는데, 그 벤치 하나의 높이가 12~15m이다. 원래 산의 높이가 805m이었는데 현재는 해수면 아래 135m까지 파 내려간 상태라고 한다. 사륜구동 버스를 타고 광산을 내려다볼 수 있는 산꼭대기로 이동하여 광산을 보고 철광산과 철광석에 대한 설명을 들었다. 영어로 설명하다 보니 알아듣기도 힘

들고 집중이 안 되어 구경하는 것으로 만족했다. 여기서 나오는 철광석
은 크게 두 종류가 있다. Brockman Hematite-Fe2O3는 철이 68.8%이
고 색깔이 청회색이며 25억 년 전에 만들어진, 세계에서 가장 질 좋은
철광석이다. 또 하나는 Goethite Limonite(Marra Mamba)-FeO인데 철
이 61%이고 황토yellow ocher 색이며 33억 년 전에 만들어졌다. 끝나고 나니
간단한 간식거리와 차를 주었다.

광산 투어 후에 스페어타이어를 구매하러 타이어 가게에 가 보았더

니 우리 자동차의 타이어인 245/60R18 타이어가 없었다. 몇 군데 가게를 둘러보았지만, 이 사이즈는 주문하고 일주일을 기다려야 한다고 하였다. 스페어타이어 문제가 제대로 풀리지 않았다. 그래서 위험하지만 메카타라(Meekatharra)까지 천천히 운전하기로 마음먹으면서 고속 도로로 접어들었더니, 마침 타이어 가게가 보였다. 그곳에도 같은 사이즈는 없었는데, 타이어 사이즈가 맞지는 않지만, 위기 상황에서 사용할 수 있는 중고 타이어를 사라고 했다. 40AUD에 해 주겠단다. 휠에 장착해 주면서 한국 이야기도 하였다. 나름대로 열심히 도와주어 고맙게 생각하고 있었는데, 나중에 계산하다 보니 잔돈이 없었다. 30AUD만 받겠다고 하길래 고마워서 가지고 있던 파카 볼펜을 선물로 주었더니 고마워했다. 먼 이국에서 만난 좋은 인연이라고 생각했다. 그래서 기념사진도 찍었다.

결국, 사이즈는 맞지 않지만, 위기에서 사용할 타이어를 스페어타이어 자리에 두었다. 메카타라로 가는 길에 쿠마리나 로드하우스Kumarina Roadhouse에 들렀다. 아이들이 서호주에서 감자튀김을 몇 번 먹더니 방금 튀긴 감자튀김을 자꾸 먹고 싶어 한다. 휴게소 옆 숲 속에 돗자리를 펴고 아침에 만든 갈비찜과 휴게소에서 구매한 칩을 같이 먹었다.

메카타라에 도착하니 이미 해가 져 있었고 숙소 또한 예약되어 있지 않아서 일단 주유소로 갔다. 주유소는 와이파이가 잘 되어 숙소 예약이 쉽기 때문이다. 여기에서 우연히 뉴먼에서 광산 투어를 같이 했던 가족을 또 만났다. 이 가족은 카라반 두 대로 움직이는데, 쿠마리나 로드하우스에서도 만났고 여기에서도 만났다. 반가워서 인사를 했다.

여기 메카타라에서 숙소를 구하려고 살펴보니, 서호주의 특성상 저

녁 6시 이후가 되면 대부분의 업무가 종료되기 때문에 숙소를 쉽게 구할 수가 없었다. 그래서 일단 이가 마트에서 장을 보면서 방법을 찾다가 주요소에 딸린 카라반 파크에서 15AUD 주고 야영을 하기로 하였다. 요금이 저렴했는데 환경은 좋지 않았다. 도로 바로 옆이라 밤에 차 소리가 많이 들렸다.

저녁은 카라반 파크 내부에 있는 부엌에서 바비큐를 해 먹었다. 물티슈로 닦아냈는데도 먼지가 많아서 고생이었다. 그 환경에서도 경문이는 별 사진을 찍는다고 했다.

2017.07.28 (금)

미키타라 🚙 Walga Rock, Dalgalangga Crater 🚗 제럴턴

아침 일찍 일어났다. 오랜만에 냄비 밥은 하지 않았다. 삶은 계란 6개, 남아 있던 햇반 2개, 스테이크, 김치로 아침 식사를 하고 8시에 나왔다. 메카타라는 관광지는 아니고 95번 고속 도로인 그레이트 노던 하이웨이Great Northern Highway를 지나가다가 잠자는 곳 정도의 느낌이다. 그래도 퍼스까지 800㎞ 정도 남았다고 생각하니 이제 아웃백에 대한 걱정은 별로 안 되고 여행이 끝나가는 느낌이다.

메카타라에서 하룻밤 자고 났으니 주변을 둘러보았다. 폐광을 볼 수 있는 조그마한 언덕 전망대가 있어서 올라가 보았다. 전망대에서 주변도 둘러보고 폐광도 보았다. 올라가 보니 토사를 긁어낸 면만 보이는데, 나중에 구글맵으로 확인하니 내부에는 지하수가 고여 있었다.

서호주의 넓은 땅이 목축과 광산 개발로 황폐화되어 가는 것 같아서 마음이 아팠다. 이곳 외에도 그레이트 노던 하이웨이 옆에도 폐광이 있는데, 마인 핏Mine Pit이라고 부른다. 여기 마인 핏에도 올라가 보았다. 서호주에는 이런 식의 폐광이 많은데, 굉장히 위험하다. 평야 서호주의 많은 광산이 노천 광산이고, 땅을 파 내려갈 때 계단식으로 파 내려가는데, 계단 모양으로 된 것을 벤치라고 부른다.

여기는 벤치도 굉장히 깊었고 아래 지하수가 고인 곳도 깊어 보였

다. 팻말도 없고 접근이 용이해서 잘못 갔다가 큰 사고의 우려도 있었다. 서호주의 많은 노천 광산들은 개인 소유지라서 접근에 주의해야 하는 것도 있지만, 이런 노출된 광산에 접근했다가 낭떠러지에 굴러떨어질 위험도 굉장히 크다. 이 폐광들은 흙을 파낸 다음 그 흙을 주변에 쌓아서 마치 조그마한 언덕 모양의 산을 이루고 있고, 내부는 여러 겹의 벤치와 깊은 웅덩이가 있다. 원상 복구를 해야 하겠지만 이렇게 그냥 방치된 곳이 있다. 이 언덕을 내려오다 보니 길가에 캥거루가 차에 치여 죽어 있었다. 오래되었는지 썩어서 냄새도 많이 났다.

지금부터의 여행길은 어쩌면 계획에 의한 여행보다는 즉흥적인 여행이 되는 것 같다. 퍼스로 가는 길에 이것저것 보겠다는 막연한 여행길이기 때문이다. 메카타라를 떠나 고속 도로에 접어들어 보니 오버 사이즈 팻말을 붙인, 경찰차처럼 보이는 차가 우리에게 길을 비키라고 했다. 조금 뒤에 보니 자동차 폭이 두 개 차로를 덮을 정도의 자동차가 오고 있었다. 오버 사이즈 차량은 몇 번 보았지만, 이번에는 진짜 도로 밖

으로 피해 주어야 할 오버 사이즈 자동차를 만난 것이다.

　고속 도로를 따라 남쪽으로 이동하다 보니 왼쪽에 언 듯 호수가 보여서 가 보았다. 작고 흙탕물이 들어찬 얕고 동그란 호수가 보였다. 여러 동물들의 안식처도 되는 모양이다. 진흙 바닥에는 온통 새 발자국이 보였다. 서호주의 많은 부분이 넓고 편평한 지형이라서 얕고 둥근 호수가 많이 보인다. 우기에는 호수가 되고 건기에는 마르는 호수이다. 일부

호수는 건기에도 물이 조금 남아 있는데, 오늘 만난 이 이름 모를 호수
도 아직 물이 남아 있는 호수이다. 나중에 구글맵에서 찾아보니 Nallan
Lake였다.

남쪽으로 가다가 큐Cue라는 작은 마을을 지나게 되었다. 큐는 현재
는 조용한 곳이지만 과거 금광 개발로 유명한 마을이었다. 그리고 칼바
리에서 끝나는 머치슨강의 줄기인 사우스 머치슨South Murchison강의 상류
지역이다. 큐 입구에서 잠시 쉬다가 마침 안내소가 보여서 들어갔다. 직
원이 왈가 록Walga Rock 구경을 추천했다. 하지만 지도를 하나 얻어서 살
펴본 다음, 별것 없다고 생각하여 남쪽으로 차를 몰고 내려갔다.

그런데 소순이가 지도에 조그맣게 달가랑가 운석 구덩이 표시가 있
다고 하였다. 달가랑가 운석 구덩이는 말로만 듣고 관심이 크게 없었는
데, 큐 근처에 있다고 하여 마음이 갑자기 변해 차를 돌렸다. 안내소로
다시 가서 달가랑가 운석 구덩이에 관해 물어보았다. 우리 자동차 상태
가 좋지 못해서 비포장도로를 간다는 것이 위험했다. 거리는 얼마나 되
는지, 도로 상태는 어떤지, 접근은 쉬운지……. 이것저것 물어보니 달가
랑가 운석 구덩이에 갈 만했다. 다만 비포장도로라서 겁은 났다. 하지만
넓은 비포장도로라고 이야기해서 안심했다.

큐 근처에도 광산이 많이 있었다. 큐−달가랑가 로드Cue-Dalgaranga Road
로 접어드는 곳에 웬 사람들이 금속 탐지기를 사용하고 있어서 가까이

가 보았다. 남자 한 명과 여자 두 명이었다. 그중 부부인 듯한 60대 후반으로 보이는 사람들이 와서 자기들은 여기에 금을 캐러 왔고 부부와 장모님 가족이라고 소개했다. 그분이 채집한 금 조각도 보여 주었고, 아이들도 만져 보며 신나는 눈치였다. 가린이가 서호주로 여행 오기 전부터 금을 캐러 가자고 말했던 기억이 난다.

이 길에는 사람들이 거의 없었다. 이 비포장 도로에서 오후까지 자동차 한 대 보았을 뿐이다. 큐에서 47㎞ 떨어진 왈가 록에는 사람이 아무도 없어서, 우리가 문을 열고 들어갔다. 애버리

지니의 암각화가 있고, 피크닉하기에 좋은 조용한 분위기의 쉼터였다.

하지만 우리 목적은 달가랑가 운석 구덩이이므로 곧 나왔다. 도로 상태가 좋아서 접근에 불편함은 없었다.

전 세계 170여 개의 운석 구덩이 중 호주에 18개가 있고, 그중 7개가 서호주에 있는데 달가랑가 운석 구덩이는 호주에서 가장 작은 운석 구덩이다. 지름 25m, 깊이는 5m이다. 운석이 서쪽에서 떨어졌기 때문에

서쪽보다 동쪽이 살짝 높다. 그리고 생긴 지 3,000년밖에 안 된 굉장히 젊은 운석 구덩이다. 운석이 거대한 속도로 땅에 부딪히면서 대부분의 운석이 폭발과 함께 파편화되고, 일부는 땅속 깊이 박혔을 것이다. 혹시나 하는 마음에 운석 구덩이 주위에서 열심히 돌들을 관찰하고 일부는 채집하였다. 운석 구덩이 근처 돌들은 표면이 검정색을 띠고 있어서 자칫 '충돌 당시의 충격으로 검정색을 띠고 있을 것'이라고 생각하기 쉽다. 하지만 자세히 살펴보니 달가랑가 운석 구덩이 근처에 산불이 났던 모양이다. 그래서 산불에 그을린 흔적으로 많은 암석 표면이 검정색을 띠고 있었다.

운석 구덩이를 발견하면 아무래도 운석도 찾고 싶은 욕구가 생길 수 있다. 운석이 큰 중력을 가진 행성인 지구에 접근하면 차별 중력에 의해 조각나게 된다. 차별 중력은 중력을 받고 있는 물체의, 중력에 가까운 부분과 먼 부분의 중력 차이를 말한다. 이렇게 조각난 운석은 떨어지는 방향에 직선으로 배치될 것이다. 그래서 달가랑가 운석 구덩이에서 운석을 찾으려면 운석이 떨어진 서쪽과 동쪽에서 찾아야 한다. 하지만 햇빛이 강하여 덥고 힘들어서 포기했다. 또 온통 관목이 우거진 숲 속이라서 찾아 나설 엄두도 나지 않았다. 아이들은 지루해했지만 나하고 소순이는 떠나기 싫었다.

운석 구덩이를 본 다음 1시에 비포장 길을 따라 얄구Yalgoo로 출발했다. 비포장도로치고는 도로 상태가 좋았고, 우리 이외에 다른 자동차는 거의 보이지 않았다. 얄구에 도착하여 123번 고속 도로로 접어들자 비가 왔다. 오랜만에 비가 내려 자동차 세차가 자동으로 되었다.

제럴턴이 가까워지니 농장이 많이 보였다. 가서 보니 온통 밀밭이었다. 끝이 보이지 않는 밀밭 사이의 나무들이 이국적인 풍경을 만들었다.

제럴턴에 도착하고 보니 해가 거의 졌고, 아이들이 맥도날드 햄버거를 먹고 싶어 해서 결국 맥도날드에 들어갔다. 숙소는 Broad Water Marina Resort로 정했다. 숙소에 도착하니 6시가 넘었길래, 이가 마트에 가서 장 봐 와서 맛나게 먹었다. 여기서 퍼스까지는 하루 안에 도착할 수 있는 거리이다. 숙소도 좋고 마음이 편안해서 빨래하고, 그동안 모은 암석이나 조개껍데기를 정리했다. 밤에 욕조에서 목욕을 하니 참 좋았다.

2017.07.29 (토)
제럴턴 휴식 🚐

도시로 돌아왔다는 느낌이 든다. 생활은 편하지만, 이런저런 걱정거리가 생긴다. 인터넷도 되고 한국과 통화도 쉽게 된다. 내가 없었던 동안 한국은 비가 많이 왔고 한의원에 문제도 많이 생겼다. 어차피 앞으로 9일간은 한의원에 못 나가니 모든 문제 해결은 하늘이 결정할 것으로 생각했다.

오전에는 타깃Target이란 곳에 가서 아이들 긴 옷을 사 주었다. 킴벌리 지역과 필바라 지역은 사막 기후에 더워서 긴 옷이 필요하지 않았다. 하지만 남쪽으로 오니 바닷바람이 차다. 제럴턴은 근처 지역에서 나는 농산물과 해산물의 집산지 역할을 하는 곳이다. 주말에는 지역에서 운영하는 소규모 농산물 직거래 장터Farmer's Market가 열린다고 해서 가 봤는데, 처음에는 잘못 온 것이 아닌가 싶었다. 공원 근처에 있다고 하여 주차를 하고 공원을 바라보니 저 멀리 천막이 하나 보였다. 설마 하는 마음에 다가가 보니 그곳이 바로 장터였다.

아내는 로컬 마켓local market이라고 하여 기대를 많이 하고 찾아간 곳이었다. 우리나라 시골 장터처럼은 아니더라도, 시골 사람 구경도 하고 온갖 서호주 농산물을 구경할 생각으로 찾아갔는데, 생각보다 너무 작았

다. 천막 하나에 농부 두 명, 옆에는 샌드위치 판매 트럭 하나가 전부였
다. 꿀과 향신료 채소인 딜dill, 계란, 패션프루트Passion Fruit, 건조 무화과를
샀다. 모두 근처에서 농부들이 직접 생산한 것이라고 한다. 꿀은 향기가
살아 있어서 좋았다. 농부가 우리에게 어디 어디 둘러보고 왔는지 물어
보더니, 자기도 벙글벙글에 다녀왔다며 이야기했다.

낮에는 타운 비치Town Beach에 갔다. 지난번에 아이들과 테이블 축구
를 하던 곳이다. 가끔 소나기가 오기도 했다. 근처 식당에서 피시 앤 칩
스를 사 먹었는데, 갈매기가 와서 감자 칩을 조금 주었더니 계속 시끄럽
게 달려들었다.

오후에는 울워스 가서 새우 500g, 마리나 믹스 1kg, 바라문디 생선
살 조금, 쇠고기, 과일, 노란 옥수수 등을 사 왔다. 맛난 것도 실컷 먹
고, 채집한 광물들 정리도 했다. 그리고 저녁 5시에 일찍 잠자리에 들
었다.

2017.07.30 (일)

제럴턴  퍼스

12시간이 넘도록 잠을 자고 아침에 일어났다. 자동차를 닦았다. 오전에 제럴턴을 떠나기 아쉬워서 숙소 근처 캠퍼튼 스트리트에서 제럴턴 해변을 산책했다. 마침 비도 오고 해서 살짝 둘러본 다음 10시쯤 퍼스로 출발했다. 해변에는 의자가 있었는데, 먼저 세상을 떠난 사람들을 기억한다는 내용이 쓰여 있었다. 후세 사람들이 이 의자에 앉아서 바다를 바라보며 먼저 간 사람을 기억한다는 의미가 좋아 보였다.

제럴턴을 나와서 30분쯤 가니 '누워 있는 나무Leaning Tree'가 보였다. 이 유명한 누워 있는 나무는 고속 도로 길가에 있어서 잠시 구경하고 가기에 좋다. 이 나무는 바다에서 불어오는 소금기 가득한 바람에 적응하느라 옆으로 누워서 자라는 유칼립투스 나무다. 이 나무뿐만 아니라 이곳에 있는 나무들은 대부분 옆으로 조금 눕든지 많이 눕든지 차이는 있지만 다 누워 있다.

동가라를 지나면서 해변이 보여서 들어갔다. 원시 해변이 이럴 것이

라는 느낌이 들 정도였다. 아무도 없는 해변과 파도에 쓸려 온 해초들이
쌓여 있었다. 여기에서 인도양을 바라보며 이런저런 생각도 했다. 리먼
을 지나오면서 멋진 가로수 구경도 했다. 올라가는 길에도 보았지만, 사
진은 퍼스로 돌아오는 길에 찍었다.

　오후 1시경에 세르반테스의 Lobster Shack이라는 유명한 랍스터 가
게에 20일 만에 다시 들렀다. 입구 주차장은 벌써 대형 관광버스를 비
롯한 자동차들로 꽉 차 있었다. 지난번에 못 먹었던 한을 풀기 위해서
들어갔는데, 자리가 없을 정도로 관광객들로 붐볐다. 한국인은 한 명
도 없었고, 주로 중국, 대만, 인도 사람들로 보였다. 메뉴판을 보니 볶
음밥과 가재 반 마리 튀김Half Grilled Lobster With Fried Rice이 주메뉴였다. 랍스터
의 크기에 따라 A 사이즈는 34AUD, B 사이즈는 39AUD, C 사이즈는
60AUD였다. 굉장히 먹음직스럽게 보였고, 더구나 한국에서는 먹기가
힘든 음식이라서 음식이 나오자마자 급하게 먹었다. 그런데 소순이는
다 먹고 나니 혀에 싸~한 느낌이 난다고 했다. 같은 기름에 여러 번 튀

김을 하다 보니 기름이 산화되어 혀를 싸하게 하는 유해 성분이 나와서 그런 것은 아닐까 하는, 괜한 걱정도 했다. 소순이는 "역시 사 먹는 음식은 안 좋고, 직접 해 먹는 음식이 맛을 떠나서 안전하다"고 주장했다.

식사를 마친 후 세르반테스에서 유명한 스트로마톨라이트가 있는 테티스 호수_{Lake Thetis}로 향했다. 여기서 관찰할 것은 매트 조직과 스트로마톨라이트, 스롬볼라이트이다. 입구에는 스트로마톨라이트가 잘 자랄 수 있도록 발로 밟지 말고 보드워크_{boardwalk}로만 다니라는 경고 표지판이 보인다. 이곳은 바닷물보다 1.5배 짜다. 이 호수는 다른 지역과 다른 독특한 생태계가 만들어져 있어서 스트로마톨라이트가 자랄 수 있다고 한다. 스트로마톨라이트는 대체로 돔 모양이고, 스롬볼라이트_{Thrombolite}는 거북이 등딱지처럼 보인다. 가운데가 푹 꺼져 있는 스롬볼라이트도 많았다.

스트로마톨라이트나 스롬볼라이트는 바위처럼 보이지만 사실은 생명체가 만든 것이다. 태양 빛으로 광합성을 하여 산소를 만들 수 있는 생명체인 시아노박테리아가 물속 진흙을 모아 탄산칼슘 덩어리인 이런 바위 같은 물체를 만든 것이다. 또한, 여기에는 미끈미끈한 매트 조직이

보드워크 아래에 깔려 있다. 이런 매트도 스트로마톨라이트가 자라는 환경과 관련이 있는데, 시아노박테리아가 호수 바닥에 형성한 구조이다. 호수 중 극히 일부 지역에서만 스트로마톨라이트와 매트가 깔려 있다. 호수 둘레는 1.5㎞ 정도이고, 산책로를 잘 만들어 두었다. 한가하게 산책하며 야생화와 동물들을 구경하기에도 좋았다.

세르반테스를 떠나 고속 도로를 달리다 보니 경찰차가 따라 왔다. 경찰차에 길을 양보해야 할지 고민을 했다. 그런데 왕복 2차선 도로에서 중앙 차선이 추월 금지 차선이었다. 그래서 도로 가장자리로 비켜 주었다. 그랬더니 경찰이 경광등을 켜서 차를 정차했다. 경찰 2명이 왔고, 경찰 1명은 혹시 내가 술이나 마약을 하여 차가 주행 차로로 정확하게 운전하지 못한 것이었는지 확인했다. 사정을 영어로 모두 설명하기 힘들었다. 그 와중에 다른 경찰은 가족들 모두 안전띠를 맸는지 확인하였다. 갑작스럽게 경찰이 여러 가지를 확인하니 당황스러웠다. 서호주는 안전띠 미착용 범칙금이 350AUD라고 알고 있었기 때문에, 경찰차가 다가왔을 때 가족들에게 안전띠 점검을 이야기했었다. 하지만 경찰의 안전띠 점검은 깐깐했고, 한 명 한 명 일일이 손으로 당겨서 확인했다. 다행히 경고하는 차원에서 문제는 끝났지만 당황스러운 경험이었다.

퍼스로 가는 길에는 유명한 관광지들이 즐비했다. 란셀린Lancelin에서 아이들이 좋아하는 샌드보딩Sandboarding도 하고 싶고 주리엔 베이Jurien Bay

의 동물 공원도 가고 싶었지만, 들를 시간이 없어서 모두 지나쳤다. 아쉬운 마음에 마지막으로 서호주 해변을 보기 위해 오후 늦게 레지 포인트Ledge Point에 들렀다. 고속 도로에서 레지 포인트Ledge Point로 들어가는 길에서 캥거루를 만날 수 있었다. 길에서 만나는 캥거루는 언제 만나도 항상 감격스럽고 반갑다. 레지 포인트 해변은 하얀 백사장과 피너클스 모양의 석회암이 있었다. 이곳의 풍광도 매우 아름다워 서호주다웠다. 아이들은 관심이 없어 차에서 나오지 않았고, 우리 부부만 이 해변에서 기념사진도 찍고 대서양 바다를 오랫동안 바라보았다.

숙소는 처음 퍼스에서 묵었던 Starwest Apartments Alderney로 정했다. 숙소 도착하니 이미 해가 졌고, 근처 이가 마트에서 장을 봐 왔다. 저녁 먹고 피곤해서 일찍 잠을 잤다.

2017.07.31 (월)

퍼스 쇼핑과 휴식 📖

어제 배정해 준 방은 무료 업그레이드된 방이라서 오늘 3일 더 연장하려고 하니 다른 방으로 옮겨야 했다. 하루하루 짐을 싸고 푸는 일이 일상이었지만 이번은 안 해도 될 짐을 또 싸야 한다고 생각하니 일하기 싫었다. 3일 더 같은 방에서 묵을 수 있을 줄 알고 보리차도 많이 끓이고, 밥도 많이 해 두었는데, 힘이 빠졌다. 생선구이용 소스도 옮겨 담을 용기가 없어서 버렸다.

그동안 서호주 아웃백에서 고생했던 가족을 위해서, 남은 4일은 휴식을 취하며 아이들이 원하는 대로 해 줄 생각이었다. 호주 기념품을 사기 위해 오전에는 워터타운Watertown 쇼핑몰에 갔다. 쇼핑몰이 매우 컸고, 물건이 다양했다. 애버리지니 그림 티셔츠, 털 실내화, 아디다스 트레이닝 점퍼, 아디다스 스냅백, 화장품 등을 구매했다. 승이가 고른 녹색 아디다스 트레이닝 점퍼는 나중에 한국에 와서 자세히 보니 Made In Korea 제품이었다. 쇼핑 중간엔 비도 많이 내렸다.

호주에서 유명한 미트 파이Meat pie도 사 먹고, 점심으론 케밥Kebab과 샌드위치Sandwich를 먹었다.

숙소로 돌아오는 길에 울워스 빅토리아 파크 마켓Victoria Park Market에서 장을 봤다. 건물 안에는 한국 식료품 가게 2개가 있었다. 한국 물건이 없는 것이 없었다. 그동안 한국에서 가져온 참기름 1병을 다 먹어서, 중간에 제럴턴에서 싱가포르산 참기름을 샀는데 향이나 맛이 한국산과는 달랐다. 그래서 이곳 한국 식료품점에서 한국산 참기름을 사서 스테이크를 먹을 때마다 사용했다. 이외에도 라면, 미역, 김치, 카레 가루 등을 샀다. 퍼스는 고기 가격이 저렴하고 종류도 다양해서 스테이크를 실컷 먹을 수 있었다. 그렇게 퍼스 여행은 식도락 여행이 되었다. 밤에는 인터넷 뱅킹으로 간호사들 월급과 각종 소모품 비용을 보내 주었다.

사실 서호주는 애버리지니의 땅에 대한 영국 사람들의 침략기와 비슷한 느낌이다. 서호주는 미지의 보고이다. 그 넓은 땅에서 철광석, 금, 우라늄 같은 귀한 광물이 많이 나온다. 그리고 농업이나 목축업에서 나온 생산물인 가축이나 농산물들이 지천이다. 이 보물들을 어떻게 수송하는가에 그들의 관심이 쏠렸다. 초기에 퍼스, 프리맨틀Fremantle을 개척하고 퍼스가 식민지 중심 도시가 되었을 것이다. 이후 퍼스를 중심으로 선박을 이용하여 개척을 해 나갔을 것이다. 그리하여 퍼스로 보낼 물자를 모을 중간 기착지 항구가 건설되었고, 그 항구들이 제럴턴, 포트헤들랜드, 브룸이었을 것이다. 중간 기착지 항구가 만들어지니 그 항구로 자원들을 이동시킬 철도나 도로가 만들어졌고, 그 도로들은 내륙에 있던 물자 이동로뿐만 아니라 탐사의 개척로 역할도 했을 것이다. 이렇게 만들어진 철도들이 카리지니에서 포트 헤들랜드로 연결되어 철광석을 실어 날랐고, 뉴먼에서 캔 철광석을 이런 도로를 따라 포트 헤들랜드로 실어 날랐다. 그 유명한 깁 리버 로드도 알고 보면 킴벌리 지역에서 기르던 가축들을 더비Derby나 브룸으로 이동시키던 도로이다. 이런 도로의 개발과 함께 광산 개발이 촉발되어 킴벌리 지역의 홀스 크릭나 마블 바 같은 곳은 금광 캐는 사람들의 도시로 발달하여 나갔다. 이런 흐름을 생각하고 서호주를 여행한다면, 서호주 내륙의 많은 도시는 골드러시의 산물이란 것을 알 수 있다. 그 옛날 광산의 흥망을 생각하며 여행을 하면, 이런 도시들의 또 다른 면을 엿볼 수 있을 것으로 생각한다.

2017.08.01 (화)
퍼스, 동물원 🐨

새벽 일찍 잠에서 깼다. 아마 호주에 와서 매일 저녁 6시에 잠자리에 들어서이기 때문이리라. 오전에 킹스 파크Kings Park를 둘러보는데, 꽤 추웠다. 주차장 바로 옆에 조그마한 미술관이 있어서 들어가 보니 판매용 소품들도 있었다. 작품들이라서 그런지 가격은 비쌌다. 서호주의 아름다운 곳을 사진으로 찍어서 모은 서적이 많이 있었는데, 소순이가 사고 싶어 했다. 하지만 책이 무거워서 한국으로 가지고 갈 것이 걱정되어 인터넷으로 사 주겠다고 했다. 아직 안 사 주었는데, 이 책을 보고 나서 기억나면 나를 괴롭힐 것 같다.

전쟁 추모관State War Memorial이라고 하는 전몰 군인 위령탑이 멋져 보여서 가까이에 가서 사진도 찍었다. 퍼스 시내가 내려 보이는 곳이라서 시원한 느낌이 들었다. 아침 9시에 관광 안내소가 문을 열어서 지도를 구했다. 킹스 파크Kings Park에는 멋진 식물원Botanic Garden이 있는데 규모가 대단히 크다.

전쟁 추모관 근처는 산책으로 살살 걸어갈 만했지만, 나머지 구역은 자동차로 이동하면서 중간중간 차를 대고 둘러보아야 한다. 사람들에게는 바오바브나무가 인기가 있는 모양이다. 서호주에서 보는 식물들은 한국에서 보기 힘든 것이 대부분이다. 마찬가지로 여기 식물원에도 우리나라에서 흔히 볼 수 있는 식물들이 없었다. 호주 식물의 70% 정도는 다른 나라에는 없는 것이라고 한다. 북쪽 열대 지방 식물들은 아시아 열대 지방과 일부 연결되고, 남쪽 냉대 지역 식물들은 남극 대륙과 유사한 식물들이 있다. 지금 호주는 겨울인데도 꽃이 핀 것도 있고, 아직 잎이 무성한 것이 많아서 그렇게 외롭게 보이지는 않았다. 간혹 열매를 맺은 식물도 있고, 그 열매도 특이하여 몇 개를 기념품 삼아 가져왔다.

퍼스에 오면 서호주 자연사 박물관도 가 보고 싶었다. 그동안 서호주를 돌아보며 보았던 것에 대한 정리와 내가 잘못 알았던 것에 대해 공부를 할 수 있기 때문이다. 인터넷과 지도를 보며 자연사 박물관Natural History Museum을 검색하여 찾아가니 미들랜드Midland 지역으로, 공항을 지나가는 곳이었다. 그런데 규모가 너무 작은 사설 박물관이라서 잘못 왔다는 것을 눈치챘다. 다시 돌아가려고 보니 마침 공항을 지나치는 경로였다.

마블 바에서 왼쪽 뒷바퀴가 터져서 사용했던 자동차 스페어타이어

를 구하려고 공항에 있는 렌터카 업체를 찾아갔다. 공항 렌터카 업체를 찾는 것도 쉬운 일이 아니었다. 길을 찾다 보니 3 터미널과 4 터미널이 보였는데, 여기에는 자동차 사무실이 없었다. 우리 업체인 허츠는 1 터미널에 있는 모양이었다. 그래서 1 터미널로 이동하는 중간에 갑자기 경찰관이 차를 세웠다. 우리는 편도 2차로 도로의 2차로에서 달리고 있었는데, 과속이라고 했다. 시속 60㎞ 이하로 달려야 하는데, 시속 72㎞로 달렸다는 것이다. 나는 2차로를 달렸고 다른 차들이 우리를 계속 추월해 갔는데, 우리 차를 과속이라며 잡은 것이다. 경찰관에게 이런저런 이야기를 했지만 소용없었다. 과속 범칙금이 상당히 크다고 알고 있었는데, 역시 200AUD라고 했다. 조금 억울하다는 생각을 했지만, 과속으로 사고 나는 것을 미리 방지한다는 마음으로 조심해서 운전하기로 했다.

어렵게 공항 1 터미널 주차장에 가서 허츠 사무실을 찾았다. 스페어 타이어에 관한 이야기를 했다. 담당은 임신한 여성이었는데, 처음에는 난색을 보이더니 흔쾌히 다른 자동차로 바꿔 준다고 하였다. 그동안 세차를 안 해서 자동차 내부 상태도 안 좋은 차를 깨끗한 자동차로 바꿔 준다니 미안하기도 하고 고맙기도 했다. 서호주 여행 중 호주 사람들의 도움을 많이 받았고, 그들의 친절에 고마움을 느꼈다. 아주 불친절한 사람들도 있었지만, 그들은 정말 일부였다. 당황스럽고 어려울 때마다 이렇게 흔쾌히 호의를 베푸는 호주 사람들이 있어서, 어려운 호주 여행이 가능하다고 생각한다.

공항에서 나와서 공항 근처에 있는 WA(서호주) 박물관에 찾아갔더니 그곳은 WA 박물관 사무실이라면서 WA 박물관에 가려면 프리맨틀로 가야 한다고 했다. 나는 서호주에 있는 자연사 박물관을 원했다. 그래서 다시 차를 몰고 박물관을 찾아 나섰다. 그랬더니 이번에는 사이텍 뮤지엄Scitech Museum이라는 곳이 보였다. 이곳은 전시물 특성이나 교육적인 면에서 오락 시설에 가까운 곳으로, 역시 내가 찾던 박물관이 아니었다. 서호주에 와서 아까운 시간을 박물관 찾아 헤매는 데 사용하였다.

이제 더 이상 박물관은 찾지 않고, 오후에는 동물원에 갔다. 퍼스에서는 주차가 조금 힘들다. 주차한 후 요금 정산이 조금씩 다르기 때문이다. 동물원 주차장은 주차 후, 주차 예정 시간을 나름대로 정해서 선불 티켓을 발급받아 운전석 앞에 두면 된다. 만일 5시간 예정하고 주차 티켓을 발급했는데, 2시간 만에 나오면 어떻게 되는지, 2시간 주차 예정하고 티켓을 발급했는데 3시간 만에 나오면 어떻게 되는지는 모르겠다. 동물원은 우리나라와 달리 입장료가 굉장히 비싸서 130AUD가 넘었다. 서울대공원 동물원이었다면 2만 원도 안 되었을 것이다. 그동안 호주에 와서 기업 카드를 계속 사용하였는데, 동물원 입장권을 사다 보니 기업 카드 사용 한도가 다 되었다. 돈을 아껴야 한다는 생각이 들었다.

동물원에서 아이들이 캥거루도 보고 코알라, 펭귄, 악어도 보면서 좋아해서 나도 기뻤다. 동물원 안에 있는 간이 식당에서 샌드위치와 미

트 파이를 사 먹었다.

　하루 내내 다녔더니 피곤하여 울워스 빅토리아 파크 마켓에서 장을 본 후 숙소로 돌아왔다. 이제 한국으로 돌아가야 할 시간이 다가와서 선물도 많이 샀다. 서호주의 소금, 안작 쿠키, 피부 크림, 호주산 과자들을 많이 샀다. 숙소에서 호주의 블랙 앵거스 고기를 많이 구워 먹었다.

　밤에는 낮에 공항 근처에서 있었던 과속 단속에 대해, 경찰청에 인

정하지 않는다는 편지를 써 놓았다. 내일 부칠 예정이다.

숙소에서 인터넷으로 자세히 살펴보니 내가 찾던 자연사 박물관은 정식 이름이 'WA Museum'이었고 지점이 여러 군데 있는데, 그중 퍼스에 있는 것이 자연사에 관한 것이었다. 그리고 퍼스에 있는 'WA Museum'은 현재 공사 중이어서 2020년에 문을 연다. 조사를 확실히 하지 않은 내 잘못이 크다. 항상 느끼지만 여행 가면 마음이 급해져서 빨리 무엇인가를 보려고 하는데, 그것보다 정보를 정확히 찾아서 찬찬히 둘러보는 것이 더 좋다.

2017.08.02 (수)

퍼스, 프리맨틀

아침에 짐 정리를 하고 8시 30분에 숙소에서 나왔다. 근처 우체국을 찾
아가니 9시에 문을 연다고 하여 기다리기 힘들어서 프리맨틀로 무작정
갔다. 가는 길에 9시가 되어 근처 우체국에서 어젯밤에 경찰청에 쓴 편
지를 부쳤다. 찾아보니 우체국이 상당히 많았다. 우체국이라고 해도 우

리나라 우체국을 생각하면 안 되고, 우편물 취급소 정도로 생각하면 된다. 대개 문구점과 같이 운영되고 있는 것 같았다.

프리맨틀까지는 30분 정도 더 걸렸고, 도착하자마자 사우스 몰 등대South Mole Lighthouse가 있는 방파제에 갔다. 시원한 바닷바람이 불었고, 해로로 드나드는 배들도 보았다. 자동차 안에서 바다를 쳐다보면서 쉬는 사람들과 낚시하는 사람들이 제법 있었다. 나는 좀 오랫동안 바닷바람 쐬면서 쉬고 싶었는데 아이들은 지루한 모양이다.

승이가 미술에 관심이 많아서 프리맨틀 아트 센터Fremantle arts Center로 갔다. 아트 센터라고 하기에는 생각보다 규모가 좀 작았고 현대미술품들이 전시되어 있었다. 간단히 둘러보고 프리맨틀 마켓Fremantle Markets에 갔다. 여기도 주차 티켓을 발급받는 시스템이라서 시간 맞춘다고 조금 당황했다. 프리맨틀 마켓은 과거 서호주 개발 초기 가게들의 모습을 아직 유지하고 있었다. 이른 시간이라서인지 문을 열지 않은 곳도 있었다. 아이들은 이런 곳 둘러보기를 좋아한다. 기념품 가게가 있어서 기념 티셔츠를 구매했다. 살펴보니 온통 중국산 제품이었다. 여기까지 중국 제품들로 넘쳐난다.

가고 싶었던 WA Museum 중 하나인 WA 해양 박물관Maritime Museum에 들어갔다. 사우스 몰 등대 방파제 들어가는 입구에 있다. 깨끗한 건물에 시설이 좋고 전시물들도 다양했다. 호주 해군에 대한 이야기와 프리

맨틀이 과거 연합군의 해군 기지 역할을 했다는 내용도 담겨 있었다. 꽤 오랜 시간 박물관에 있었다.

어항Fish Boat Harbour 근처에 유명한 피시 앤 칩스 식당들이 있다고 해서 가 보았다. 호주에서는 보기 드문 대형 식당가였다. 프리맨틀은 초기 서호주 이주 시대 모습과 오래된 전통을 생각하는 곳인데, 이런 대형 식당가를 보니 조금 이상했다. 주메뉴는 단연 피시 앤 칩스이고 칩스 위에 올라가는 생선 종류에 따라 가격이 달랐다. 우리 식구들은 먹성이 좋아서 여기서도 잘 먹었다.

퍼스로 돌아오는 길에 우연히 케이마트K-Mart라는 곳이 보여서 들어갔는데 대단히 큰 쇼핑센터였다. 여기서 또 장을 보고 기념품도 샀다. 아이들이 도박장에서 사용하는 포커 칩을 사고 싶어 했다. 숙소로 들어가기 전에 생각해 보니 호주에서 마지막 날이라, 아쉬운 마음에 스완Swan 강가에서 잠시 산책을 했다. 저녁에 아이들은 포커를 쳤고, 늦게까지 짐을 쌌다. 이렇게 서호주 여행은 끝이 나는가 싶다.

2017.08.03 (목)

퍼스 🚄 방콕

며칠 전 공항에 갈 때 길을 찾기 힘들었던 것이 생각나서 아침 일찍 숙소에서 나왔다. 자동차를 렌터카 회사에 갖다 주는 것은 쉽게 끝났다. 보험을 풀 커버로 해서인지 자동차 문제가 속 썩이지는 않았다. 9시 20분에 퍼스를 출발하여, 오후 4시 20분에 방콕에 도착했다. 8월 초가 휴가 기간이라서인지 공항이 굉장히 붐볐다. 입국 절차까지 끝내고 공항 짐 보관소에 호주에서 가지고 다니던 짐을 맡기고 나오니 6시가 넘었고, 마침 퇴근 시간이라서 숙소 도착하니 7시가 지나서 어두웠다.

원래 숙소에서 쉬다가 저녁 식사를 하러 가려고 했는데, 너무 늦어서 곧장 식당으로 갔다. 택시를 타고 Somboon Seafood Surawong으로 가자고 했더니, 러시아워rush hour라서 차가 막힌다며 Somboon Dee 식당에 데려다 준단다. 분위기가 이상해서 다른 곳인 시암Siam으로 데려다 달라고 하니 또 이상한 식당으로 데려다 주었다. 그래서 이 택시 기사가 우리에게 사기를 친다고 생각했다. 게다가 경문이가 몸이 안 좋았다. 토하고 어지러워하며 힘들어했다.

러시아워라서 어떤 구간은 택시들이 운행을 안 하려고 하였다. 그러다 보니 9시가 넘었다. 할 수 없이 돈을 더 얹어 주고 처음 가려던 식당 주소를 내미니 택시 기사가 두말없이 데려다 준다. 그런데 경문이도 아

프고, 시간이 지체되어 식당 영업시간이 끝난 것이 아닌지 걱정스러웠다. 다행히 Somboon Seafood는 늦은 시각까지 영업했고, 경문이는 화장실에서 토하고 오더니 몸이 회복되었다. 갑자기 모든 일이 순조로웠다. 마음 편하게 태국 음식을 3,500밧 정도 주문하여 실컷 먹었다.

숙소로 돌아오니 녹초가 되었다. 이번 여행은 어려움이 파도처럼 밀려오고, 이 어려움을 해결해 가는 과정인 것 같았다.

2017.08.04 (금)

방콕

어제 늦게 잠자리에 들었는데 습관 때문인지 일찍 깼다. 아침 식사는 호텔 뷔페를 먹었는데, 과식했다. 좋은 식사와 열대 과일을 마음껏 먹으니 온 식구들이 즐거워했다.

아침에는 호텔 수영장에서 경문이와 가린이가 수영하면서 잘 놀았다. 경문이는 작년 겨울에 수영을 조금 가르쳐 주었는데 이제 물을 무서워하지 않고 잘 논다.

오전에 카오산 로드Khaosan Road에 갔다. 마사지도 받고 과일도 사 먹으면서 이것저것 둘러보았다. 하지만 날씨가 덥다 보니 금방 지친다. 결국 점심 식사를 위해 시암으로 나가서, 시내 구경도 하고 식사는 Somboon Seafood Siam점에서 했다. 나는 결혼 이후 아내 입맛 때문에 게 요리를 좋아하게 되어, 지금은 아내보다 내가 게 요리를 더 좋아한다. 아이들도 엄마를 따라서 해산물을 좋아하니 온 식구가 식도락가가 되었다. 오후에 시암에 있는 쇼핑몰들을 둘러보며 군것질거리와 열대 과일도 사 먹었다.

그러다가 비가 와서 숙소로 돌아와서 쉬었다. 저녁 식사도 역시 Somboon Seafood Central Embassy점에서 먹었다. 방콕에서 세 번의 식사를 모두 이 태국 해산물 식당에서 먹은 것이다. 가족들이 이 식당의

푸팟퐁 커리Poo Phat Pong Curry라고 부르는 게 요리를 참 좋아한다. 한 달간의 어려움을 이렇게 해결하는가 싶다. 밤이 되어 숙소에서 생각해 보니 이번 휴가는 오늘이 마지막인 듯했다.

2017.08.05 (토)

방콕 ✈ 서울

아침 일찍 일어나서 준비했는데, 비행기 출발 시각에 간신히 맞춰서 도착했다. 처음에 7시 30분으로 알고 움직였는데, 알고 보니 7시 10분이었다. 게다가 호텔 체크아웃 때 보증금 맡긴 것 때문에 문제도 있었다.

공항에서 짐 찾을 때도 짐 보관 영수증이 없어져서 한참 찾았는데, 안전하게 한다고 내가 여권 안에 넣어 두었다는 것을 나중에 알게 되었다.

중간에 비행기가 타이완 타이베이에서 잠시 경유하였는데, 대만 음식을 못 사 먹은 것이 못내 아쉬웠다. 한국 도착하여 운서역에 자동차를 찾으러 갔다. 한국 여름 날씨는 정말 푹푹 찌는 느낌이었다. 그동안 다른 세상에서 살다 온 것이 맞나 보다. 집에 도착하여 짐 정리하고 목욕하니 7시가 넘었고, 덥고 피곤했다. 긴장이 풀리며 그동안의 피로가 몰려왔다.

한 달 만에 집에 오니 모든
것이 낯설었다. 이제 헤매

┌─────────────┐
│ 아빠 이종한 │
└─────────────┘

지 않고, 눈치 보지 않아도 되는 우리 집이다. 덥고 피곤하지
만, 우리 집 안방에 누워 있으니 마음이 편했다. 어머니께서
관리해 주셨지만, 집에 오자마자 화분 나무들 물을 먼저 주
었다.

한의원에 나가 보니, 나를 찾아오셨다가 실망하여 그냥
가신 분들이 많았다. 죄를 지은 느낌이다. 그분들의 마음을
돌리는 것도 어려웠다. 그리고 한의원 수리할 것이 많았다.
천장 도배도 하고 기계 고장 난 것 수리도 오랫동안 했다. 내
가 없는 동안 한의원을 지켜 준 직원들이 고마웠다.

호주에서 가져온 작은 선물들을 여러 사람에게 나누어 주
었다. 너무 작아서 내놓기 민망할 때도 있었지만, 내 마음만
전달한다는 느낌으로 드렸다.

서호주의 대자연 속에서 자연을 배우고, 속 좁은 내 마음
을 비우고 오려고 출발했다. 마음이 그만큼 넓어졌는지 모르

겠다. 한국으로 돌아와서 주변과 마음을 정리하는 데 거의 두 달이 걸렸다. 세상사에 치일 때면, 넓은 서호주의 벌판과 바다를 생각하며 달관할 수 있을까?

8월 1일 과속으로 경찰 단속에 걸려서 200AUD 범칙금 고지서를 받았던 것에 대해 이의 신청 편지를 썼었다. 그랬더니 8월 말쯤에 조사를 한다고 국제 편지를 보내오더니, 9월에 없던 일로 하겠다고 국제 편지가 왔다. 서호주 여행 마지막에 조금 찜찜한 일이라고 생각했었는데, 이렇게 해결되어 기분 좋았다.

| 엄마 신혜영 |

종한 씨가 거의 매일 운전을 7시간 이상 하느라 가장 힘들었을 것 같다. 아침저녁을 코펠 냄비에 쌀밥을 지어 먹었는데, 집에서 생활하는 것보다 요리 시간이 더 길었다. 외식은 거의 없었기 때문이다. 다행히 맛있게 먹어 준 가족들이 고마웠다.

호주에 가기 전에는 별에 대해서 아는 것이 별로 없었는데, 호주에 가서 오리온자리, 플레이아데스성단, 대마젤란은하, 소마젤란은하를 직접 보았다.

호주의 하멜린 풀에서 살아있는 스트로마톨라이트를 보게 된 이후 어릴 적 강가에서 본 울퉁불퉁한 암석의 정체가 분명해졌다. 조만간 시골 고향에 내려가 스트로마톨라이트 화석을 찾아보고 싶다. 파리도 없었고, 웅덩이에 차가 빠지지도 않았고, 다치거나 사고 없이 무사히 다녀온 것이 가장 다행스럽다. 음식 중에서 가장 기억나는 것은 노란 옥수수이다. 거의 매일 옥수수를 삶아서 혼자서 맛있게 다 먹었다. 굉장히 달콤한 맛이다.

호주 곳곳의 버려진 광산 구덩이들과 애버리지니들의 황폐한 삶을 보면서, 남의 나라이지만 마음이 짠했다.

호주의 국민 소득은 우리나라의 두 배이다. 그리고 최저

시급은 우리나라의 세 배지만, 슈퍼마켓 물가는 우리나라와
비슷하거나 더 쌌다.

가장 기억에 남은 장소는 메리 풀이다. 조용하고 한적하
고 깨끗하며 아름다운 곳으로, 새들의 천국이고 휴식을 취하
기에 좋은 장소였던 것 같다. 그리고 벙글벙글 지역에 야생
샌들우드가 있다는 글을 보고서 샌들우드가 어떻게 생겼는
지도 모르면서 나무들을 유심히 보면서 여행을 하였다. 물론
샌들우드를 찾지는 못했다.

큰아들 이범석

여행은 새로운 환경에서 색다른 음식, 다양한 사람들을 접할 수 있기에 좋은 경험이 될 수 있으며, 즐겁다. 이번 호주 여행은 이때까지의 여행보다 더 특이하고 더 새롭게 나에게 다가왔다.

다른 나라에 여행을 가게 되면, 처음 도착하는 공항에서부터 사뭇 느낌이 새롭다. 서호주 공항에 도착했을 때 깨끗한 공기, 선선한 날씨가 느껴졌다. 쌀쌀한 날씨의 퍼스였지만 호주의 자연을 느낄 생각에 들뜨고 말았다.

압도적인 자연경관, 신선하고 맛있는 식재료들, 자연에 가까운 환경들은 도심 속에서 편하고 바쁘게 살아왔던 나에게 색다른 느낌, 생각이 들게 해 주었으며, 활력을 찾아주었다.

기억에 남는 장소
Wolfe Creek Crater, Purnululu National Park
기억에 남는 음식
Lobster shack, Beef Scotch Fillet

이번 호주 여행은 현대 사회가 음식이나 공간에서 얼마나 자연과 멀리하고 있었는지 느낄 수 있는 계기가 되었다. 만

약 당신이 호주 여행을 준비하고 있다면, 얼마나 멋있는 자연이 많은지 알게 될 것이다. 더불어 우리 가족의 여행기를 보면서 조금이나마 도움이 되었으면 한다. 이번에 많은 곳을 다녀오긴 하였지만, 더 구석구석 넓은 호주를 탐험하지 못한 것은 아쉽고, 더 많은 맛있는 음식들을 접하지 못한 것도 아쉽다. 하지만 나에게 있어서 굉장히 의미 있고 재미있던 여행이었다.

큰딸 이승   호주 만화

작은아들 이경문

호주에 가서 느꼈던 점은 이런 곳이 있나 싶을 정도로 놀라웠다. 다시 와 보겠다고 다짐하기도 했고, 멋있었다. 특히 벙글벙글이 가장 좋고 울프 크릭도 좋았고, 고기도 좋았다. 싫었던 건 엄마의 음식!! 바로 슈렉의 땀이 섞인 광어 똥죽!(비유). 캠핑도 싫었다.

걸리는 것은 윈자나 협곡인데, 엄마가 가고 싶어 하셨던 곳이라서 조금 슬펐고 다음에 가야겠다고 다짐했다. 아쉬웠던 곳은 앨리스 스프링스로, 멀고 비포장도로라서 조금은…. 그냥 윈자나에서 하루 있었으면 좋았을 텐데도 그때는 캠핑을 계속 해서 지쳐서 막말을 던졌었다. 캠핑을 안 했으면 윈자나에 갈 수 있었을까?

그리고 다음에 가면 앨리스 스프링스에서 → 다윈 → 홀스 크릭 → 윈자나 → 피츠로이 → 브룸 → 포트 헤들랜드 이 순서로 갔다 올 수 있었으면 좋겠다. 엄마한테 죄송하다.

작은딸 이가린

작년 겨울 방학 때 아빠가 호주에 여행 가자고 말씀하셔서 기대하고 있었다. 그런데 호주에 가지 못했다. 그래서 이번 여름에 가기로 했다. 그래서 계속 기다리고 기다렸다. 그런데 상상했던 것과 훨씬 달랐다. 호주에 간 지 3일 만에 '좀 있으면 한국에 가겠지.'라고 생각했다. 그렇게 느꼈던 가장 큰 이유가 일어나서 밥 먹고 차 타고 휴게소에서 밥 먹고 차 타고 밥 먹고 잔다.

차에서 내리지 않고 최대 7시간까지 탔었다. 그리고 호주에서 지내다 보니 시력이 좋아졌었다. 공기도 맑고 벌레도 그다지 많은 편은 아니었다. 그래서 한국에서 시골로 가지 말고, 호주에 가면 되겠다는 생각을 했다. 호주에 가기 전에 생각했었던 것은 '재미있겠다. 친구에게 좋았다고 말해야지'였다. 그런데 호주에 갔다 온 다음의 생각은 불행했다. '친구에게 좋았다고 말해야지'가 아니라, '친구한테 끔찍했다고 말해야지'로 바뀌었다. 그러나 그만큼 더 얻은 것이 있다. 스트로마톨라이트가 무엇인지, 어떻게 만들어졌는지, 생각보다 꽤 많은 별, 등등의 지식을 얻었다. 물론 미국, 영국 이런 관광 도시 여행도 좋겠지만, 서호주 같은 자연적인 곳에 가서 경험하는 것도 좋은 것 같았다.

　　특히 좋았던 점은 새벽에 일어나서 소마젤란은하, 대마젤
란은하, 안드로메다 등등 보기 힘든 별들을 마음 놓고 실컷
볼 수 있다는 것이다. 미국, 영국처럼 그런 관광 도시 말고
서호주 같은 자연의 나라를 가서 1달 동안 지내는 것도 아빠
의 좋은 생각이었다고 나는 생각한다.

사남매와 함께한 서호주 가족여행

초판 1쇄 인쇄 2018년 01월 15일
초판 2쇄 발행 2020년 06월 01일
글·사진 이종한, 신혜영, 이범석, 이승, 이경문, 이가린

펴낸이 김양수
편집·디자인 이정은
교정교열 장하나

펴낸곳 도서출판 맑은샘
출판등록 제2012-000035
주소 경기도 고양시 일산서구 중앙로 1456(주엽동) 서현프라자 604호
전화 031) 906-5006
팩스 031) 906-5079
홈페이지 www.booksam.kr
블로그 http://blog.naver.com/okbook1234
포스트 http://naver.me/GOjsbqes
이메일 okbook1234@naver.com

ISBN 979-11-5778-261-1 (03960)

* 이 책의 국립중앙도서관 출판시도서목록은 서지정보유통지원시스템 홈페이지
  (http://seoji.nl.go.kr)와 국가자료공동목록시스템(http://www.nl.go.kr/
  kolisnet)에서 이용하실 수 있습니다.
  (CIP제어번호 : CIP2018001629)